English for
Hospitality
and Tourism

接客現場の英会話

# もうかるイングリッシュ

中村好明

朝日出版社

## はじめに

　私は、北海道から沖縄まで国内各地に出かけます。どの町でも皆さん口をそろえて「外国人観光客には、もっとたくさん来てほしい。でもなあ、うちの宿（店）には英語のできる人が少ないからやっぱり、やっぱりムリかなあ」、とおっしゃいます。
　一方、アジアを中心に海外に出かけることも多いのですが、向こうで言われるのは、「日本に行ってみたいけど、言葉が通じないのが不安だなあ」。

　最近は、外客免税制度が改正され（2014年10月〜）、消耗品も免税になり、地元の物産も免税対象品として認められるようになりました。免税免許を取得するお店も増えました。しかし、商店側の人たちと話をすると、やはり「インバウンド（訪日外国人旅行）の需要には期待しているけれど、語学が不安」という声が多いのです。
　一番大事なのは、ハートの問題、すなわち「おもてなしのマインド」だと、私も強く思います。でも、私たち日本人は、もともとシャイな（恥ずかしがりの）民族です。言葉の問題などお構いなしでどんどん日本語で外国人に話しかけましょうといっても、やはり皆さん、尻込みしてしまいがちです。

　私はインバウンド分野に携わるようになって以来7年間、こうした状況を見てくる中で、日本が観光立国を実現していく上で、やはり英会話力アップが不可欠なのだということを痛感し、今回接客のための本をまとめることを思い立ったのです。
　大半の日本人はこれまで、日常業務で英語を使うことはまれでした

が、これからは違います。難解な英文法、高度な英会話を今さら勉強する必要はありません。接客に最低限必要な英会話力を身につければいいのです。しかし、英会話を勉強しようと思って、本屋さんに出かけても、実践的な英会話の本は意外と少ないものです。アルファベットだらけの教本を今さら体系的に学ぼうとしても、忙しい日々の業務の中で、時間を割くのはおっくうです。

　そこで、本書では、カタカナと大中小の強弱記号（●●•）だけで、しかも接客に必要な基本項目だけに絞り、まるで歌を歌うように何度か唱えているうちに、覚えてしまうようなフレーズを厳選して掲載しています（付録のCDも活用してください！）。物販・飲食・宿泊業の現場の皆さんが、日々こなしている業務において、今日から使えるフレーズだけに特化しました。

　また、日本語は、ひらがなの「ん」以外は、すべての語尾が母音＝a・i・u・e・oで終わります。ですから、子音で終わることの多い英語を、ついローマ字読みしてしまいます。また、よく指摘されるように、日本語では区別できない発音（LとRなど）でつまずきがちです。
　本書は、完璧でプロフェッショナルな発音ではなくても、それっぽく現場で外国人観光客に通じるようにカタカナ表記も工夫しています。案ずるより産むがやすし、ともいいます。
　まずは、ばあーっと最後まで、本書を音読してみてください。通読後、外国人に話しかけたくなっている自分に気づいて、びっくりするかもしれませんよ！

# お店で「言葉のおもてなし」
## この本でこんなことが言えるようになります。

# 宿やカフェで「言葉のおもてなし」
この本でこんなことが言えるようになります。

# 本書の使い方

本書のシーン別 接客フレーズ集は、次の3つのコーナーで構成されています。
- **基本の接客フレーズ**
- **もうかるイングリッシュの極意**
- **達人のワンポイントアドバイス**

【基本の接客フレーズ】

何かあれば私たちに言ってください。
**For any help, please ask us.**
フォー・エニィ・ヘウp　プリーz・アスk・アス

特長1　　　　　特長2

## 特長1. 発音を3段階の強弱で表示

　本書では、発音を3段階の強弱で表しています。弱い部分は聞こえなくてもいいくらいの気持ちで強弱をしっかりつけて発音すれば、言いたいことはほぼ伝わります（何もついていない箇所は意識的に発声しなくてOK）。
- ●…強調して発音　　● …そこそこに発音　　• …かすかに聞こえるくらい
- ∨…息継ぎする

## 特長2. 日本語にない音は小文字で

　日本語にはない英語特有の音の発音を、アルファベットの小文字で表記しました。カタカナにすると母音が含まれてしまうのを避けるためです。カタカナもアルファベットも、小文字が出てきたら通常より軽く発音しましょう。なお、本書のカタカナ表記は初心者でも言いやすいように工夫されているため、CDに収録されてい

るネイティブの音声と異なる場合があります。

| d | ドゥッ |
|---|---|
| g | グッ |
| k | クッ（クッと笑うときの「ク」の音） |
| m | 口を閉じる。 |
| p | プッ（プッと種を飛ばすように） |
| t | 息をとめる感じ。 |
| z | ズー（羽虫が飛んでいるような音） |
| エァ | 下線は1文字とみなし一気に発音する。 |

## 特長3. リアルな会話CD付き

　本書の付録CDには、ネイティブに加えてノンネイティブの音声も収録されています。お客様の台詞ではネイティブの音声の後にノンネイティブ（中国・タイ）の音声が続きます。

## 特長4. もうかるイングリッシュの極意

　海外からのお客様をもてなすときに覚えておくと便利な言い回しや、接客のヒントをたくさん盛り込んでいます。

## 特長5. プロたちのノウハウを一挙公開

　達人として登場するのは、私（中村好明）のほか、接客英語指導のキャリアや海外在住経験が豊富な櫻井亮太郎氏（ライフブリッジ代表）、訪日客の2人に1人が来店するドン・キホーテの現場のスタッフなど。

　また、主に宿泊に関しては、箱根で国際民宿「富士箱根ゲストハウス」を営む高橋正美氏に取材しました。富士箱根ゲストハウスは、部屋数14、定員52人の小さな宿ながら、これまで70数カ国以上から10万人以上が宿泊した世界に知られる人気の宿です。高橋さんは2009年に国土交通大臣が任命する「VISIT JAPAN大使」にも選ばれました。

　このほか、元筑波大学大学院講師で英語関連の著作が数多くある浅見ベートーベン氏からもフレーズのアドバイスをもらっています。

## contents

- はじめに ……………………………………………………… 2
- お店で「言葉のおもてなし」 ………………………………… 4
- 宿やカフェで「言葉のおもてなし」 …………………………… 6
- 本書の使い方 ………………………………………………… 8
- Introduction　カタカナ英語のススメ ……………………… 14

## シーン別接客フレーズ集

🛒=物販　🍴=飲食　🌙=宿泊

| Scene 1 | あいさつ①「こんにちは、いらっしゃいませ」……… 🛒🍴🌙 18 |
| Scene 2 | 人数確認「何名様ですか?」……………………… 🍴🌙 22 |
| Scene 3 | ご案内「禁煙席ですか、喫煙席ですか?」………… 🍴🌙 26 |
| Scene 4 | 場所案内「上の階にお進みください」……………… 🛒🍴🌙 30 |
| Scene 5 | ごゆっくり「ごゆっくり検討ください」………………… 🛒🍴 34 |
| Scene 6 | 一緒に探そう「何をお探しですか?」………………… 🛒 38 |
| Scene 7 | おすすめ① 個人的に「個人的にはこれがおすすめです」… 🛒🍴 42 |
| Scene 8 | おすすめ② ジャパンブランド「東京で一番人気です」… 🛒🍴 46 |
| Scene 9 | おすすめ③ ギフト「おみやげをお探しですか?」…… 🛒 50 |
| Scene 10 | おすすめ④ 値ごろ感「大変お買い得になっていますよ」… 🛒 54 |
| Scene 11 | おすすめ⑤ 製法「ハンドメイドです」……………… 🛒 58 |
| Scene 12 | おすすめ⑥ サイズ・色「他のサイズもございます」… 🛒 62 |
| Scene 13 | おすすめ⑦ お似合いです「ぴったりですね」……… 🛒 66 |
| Scene 14 | 在庫確認「これを3つもらえますか?」……………… 🛒 72 |
| Scene 15 | ご注文「お食事はどうなさいますか?」……………… 🍴🌙 78 |
| Scene 16 | 追加注文「何かほかに(ご注文は)ございますか?」… 🍴🌙 84 |
| Scene 17 | チェックイン① 予約あり「チェックインですか?」…… 🌙 88 |
| Scene 18 | チェックイン② 予約なし「ツインルームがございます」… 🌙 94 |
| Scene 19 | チェックイン③ 書類への記入「(お名前は)活字体で記入をお願いします」🌙 98 |
| Scene 20 | チェックイン④ 鍵のお渡し「こちらがお部屋の鍵です」… 🌙 102 |
| Scene 21 | 部屋での案内「こちらがお客様のお部屋です」…… 🌙 106 |
| Scene 22 | あいさつ②「こんばんは」…………………………… 🛒🍴🌙 110 |

| Scene 23 | 近隣観光の紹介「最もきれいな場所です」 | 🛒 🍴 ☪ 114 |
| Scene 24 | 温泉「私たちの温泉は硫黄泉です」 | ☪ 120 |
| Scene 25 | できるとできない①「少々お待ちいただけますか?」 | 🛒 🍴 ☪ 126 |
| Scene 26 | できるとできない②「ここで喫煙はできません」 | 🛒 🍴 ☪ 130 |
| Scene 27 | トラブル「お風呂の栓を抜かないでください」 | 🛒 🍴 ☪ 134 |
| Scene 28 | 会計①「金額はこちらです」 | 🛒 🍴 138 |
| Scene 29 | 会計②「現金ですか、それともクレジットカードですか?」 | 🛒 🍴 142 |
| Scene 30 | チェックアウト「冷蔵庫の中のものを飲まれましたか?」 | ☪ 146 |
| Scene 31 | お見送り「ありがとうございます」 | 🛒 🍴 ☪ 152 |
| Scene 32 | 免税販売「これは免税になりますか?」 | 🛒 156 |

## ◎もうかるイングリッシュの極意

1. まずは笑顔で短く元気にあいさつ! ……… 20
2. 「パーティー」は宴会ではなくグループのこと ……… 24
3. 禁煙／喫煙、畳の席などは配慮を ……… 28
4. 道案内には野球用語が便利 ……… 32
5. 魔法のフレーズは「プリーz・テイキョー・ッァイm」 ……… 36
6. お客様の願いをかなえるお手伝いを! ……… 40
7. 個人的なおすすめを ……… 44
8. Japanとご当地 ……… 48
9. Yes／Noで答えられる質問をする ……… 52
10. お買い得は「ゥリーズナボー」 ……… 56
11. 安全性をアピール ……… 60
12. 英語ではサイズはSMLと言わない!? ……… 64
13. 主役はお客様、いい気持ちになっていただく ……… 69
14. 数字が聞こえたら、しっかり確認! ……… 75
15. 飲み物の注文は「エニィ・ジュリンクス?」 ……… 81
16. 「ごゆっくり」は「プリーz・テイキョー・ッァイm」 ……… 86
17. 「お待ちしていました」の気持ちを伝える ……… 91
18. 「ヴェィケンスィーz」で予約がないお客様 ……… 96
19. 「ヨォ・ネィm・プリーz?」で紙とペンで書いてもらう ……… 100
20. 笑顔で「プリーz・インジョイ・ヨォ・スティ」 ……… 104

| | | |
|---|---|---|
| 21. | 「コンプリメンタリィ」で無料の意味に | 108 |
| 22. | すれ違うときにはあいさつを! | 112 |
| 23. | 多言語の観光マップを活用しよう | 117 |
| 24. | 温泉のルールを多言語で各部屋に | 122 |
| 25. | Canはやわらかく発音しよう | 128 |
| 26. | 「～できません」はdon'tよりcan't | 132 |
| 27. | 禁止事項はイラストで表現 | 136 |
| 28. | 金額を指差して「ダウビー・ディス」 | 140 |
| 29. | 支払い回数は聞かない方がいい | 144 |
| 30. | 最後は笑顔で送り出す | 149 |
| 31. | Sir/Ma'amでかしこまった表現に | 154 |
| 32. | 新しい免税制度とは? | 159 |

## 💬 ドンキの現場より! ワンポイントアドバイス

| | |
|---|---|
| I am GENKI! | 21 |
| 抹茶はMatchaでOK | 41 |
| 似た商品の違いを説明 | 57 |
| 実は通じない和製英語!? | 65 |
| Closed（しまっている状態）とClose（近い状態） | 155 |

## 💬 中村好明が教える! インバウンド豆知識

| | |
|---|---|
| 英語のホームページを! | 33 |
| お客様を楽しませる「圧縮陳列」 | 37 |
| 多言語のメニューを | 45 |
| POPの表示方法 | 49 |
| おみやげを意識した品ぞろえを | 53 |
| おもてなしの基本とは? | 61 |
| 世界の国々のおもてなしを知る／中国編 | 70 |
| 世界の国々のおもてなしを知る／韓国編 | 76 |
| Wi-Fiを整備して世界中に発信! | 129 |
| ホテルや旅館でも免税!? | 133 |
| 緊急時の接客対応 | 137 |

世界の国々のおもてなしを知る／欧米編 …………………………………… 141
　　世界の国々のおもてなしを知る／台湾編 …………………………………… 145
　　全品免税はこれだけ覚えよう …………………………………………………… 161

## 💬 英語のプロ　櫻井さんが教える！ワンポイントアドバイス

　　「t」がわかると面白い① ……………………………………………………………… 25
　　「t」がわかると面白い②──なぜレリゴーなの？ …………………………… 29
　　LとRの直し方① ………………………………………………………………………… 82
　　LとRの直し方② ………………………………………………………………………… 87
　　温泉の効能をアピール ………………………………………………………………123
　　　　＊「温泉の効能」を英語で伝える ………………………………………………124

## 💬 接客のプロ　高橋さんが教える！ワンポイントアドバイス

　　お客様にガス抜きしてもらいたい ……………………………………………… 92
　　ふとんを敷くときの心遣い ………………………………………………………… 97
　　ホスト、ホステスは「もてなす人」 ……………………………………………… 101
　　安心してもらえるひと言を ……………………………………………………… 105
　　外国人は暑がり!? ………………………………………………………………… 109
　　ラウンジで国際交流 ……………………………………………………………… 113
　　手作りの情報マップ ……………………………………………………………… 118
　　「前払い方式」になります ………………………………………………………… 150

Column 1　日本人の英語ここがヘン ……………………………………………… 71
Column 2　ローマ字の呪縛 ………………………………………………………… 77
Column 3　今すぐ第3の開国を ……………………………………………………… 83
Column 4　未来を創る「インバウンド消費」 ……………………………………… 93
Column 5　インバウンドと英語 …………………………………………………… 151
複数の意味を持つ動詞 ……………………………………………………………… 164
よく使われる単語・発音一覧 ……………………………………………………… 166
おわりに ………………………………………………………………………………… 168
INDEX …………………………………………………………………………………… 170

# Introduction
# カタカナ英語のススメ

## 簡単なのにネイティブの発音ができる！

　本書は、小売店やレストラン、宿泊施設などで働いている皆さんに向けて、注文やチェックインなどさまざまなシーン別の接客英語を紹介します。

　ただ、これまでの英会話本とちょっと違うのは、That'll be this.「金額はこちらでございます」のように、ほとんどのフレーズを3 words や4 words という、とても短い文章で伝えられるようにしていることです。

　しかも、ネイティブのような発音を簡単に学んでいただくために、私、中村好明が勤めるドン・キホーテグループのネイティブスタッフ、さらに接客英語指導のキャリアや海外在住経験が豊富な株式会社ライフブリッジの櫻井亮太郎氏に接客英文の作成と発音をアドバイスしてもらい、短文英語をカタカナ表記で示すことにしました。
　たとえば、先ほどの That'll be this. であれば（ダウビー・ディス）と発音します。

　また、本書では私独自の工夫により、各フレーズを3段階（●●•）の強弱で表しています。なぜかというと、英語は強弱をしっかりつけて話すため、弱い部分は実は聞こえなくてもいいくらいの情報です。強い

部分だけをピックアップして発音すれば必要な内容はほぼ伝わります。（音符を読むような感覚で口に出してみてください！）

なお、英語にはカタカナ表記ができない、日本語には存在しない音もあります。

カタカナの小文字とアルファベットの小文字が出てきたら、通常より軽く、意識的に発声する必要がないくらい弱めに発音するようにしてください。（アルファベットの小文字には先ほどの3段階の強弱の記号をつけていません）

皆さんも表記のとおりに発音すれば、ネイティブにも伝わる英語を話していることに驚くでしょう。

## 目指すは100%通じる英語

もっとも、カタカナ英語と聞くと、「正確な発音ができないのでは？」と心配される方もいらっしゃるかもしれません。

実は、本書は正確な発音よりも、100%通じる英語を目指しています。

なぜならば、たとえばあなたが海外旅行をしたとき、タイのバンコクやインドネシアのバリ島に行ったときのことを思い出してみてほしいのです。

5つ星の高級ホテルのスタッフは別としても、街中の土産物屋やレストランで接客してくれた現地の人たちは完璧なイギリス英語やアメリカ英語を話していたでしょうか。誰もが商魂たくましく、片言の英語であっても旅行者と一生懸命にコミュニケーションを取ろうとしていたはずです。

2013年に日本を訪れた外国人旅行者やビジネスマンは初めて1,000万人を突破しました。さらに2014年は300万人も増えて1,341万人を達成。ニッポンは東京オリンピック・パラリンピックが開かれる2020年までに2,000万人を目指しています。
　しかも、日本を訪れている外国人の7割以上は中国、台湾、韓国、香港、タイ、シンガポールなどからのアジアの旅行者です。欧米からの旅行者のようなレベルではなくとも、アジアからの旅行者の多くは中国語や韓国語、タイ語といった母国語以外に基礎的な英語力があり、片言ながら英語で会話できる方がたくさんいらっしゃいます。

　つまり、多くの訪日外国人は、私たち日本人がネイティブのような流ちょうな英語で話しかけることをそれほど求めてはいないということ。むしろ、シンプルな英単語を用いて英語を話すほうが通じることが多いのです。

　加えて、外国の接客は日本に比べてずい分あっさりしています。皆さんが普段から実践している「おじぎ」やラッピング、お見送りといった行動だけでもおもてなしの心は十分伝わります。
　だから、あなたのお店、施設に外国人の方が多く訪れるようになっても、「きちんとした文法、発音で話さなきゃ」とパニックになったり、逆におどおどと敬遠してしまったりする必要はまったくありません。
　簡単な英語だけを覚えて、自信を持って笑顔で対応できるように今から準備していきましょう。その備えが"もうかるイングリッシュ"につながります。

# シーン別 接客フレーズ集

## Scene 1 >> あいさつ①

# こんにちは、いらっしゃいませ。

### お客様との会話

こんにちは、いらっしゃいませ。
### Hello! How are you?
ヘロゥ！　ハゥアーユ？

どうも。お世話になります。
### I am good thanks, and you?
アイm・グッ・テンkス　エンジュー？ ↗

**✎ワンポイントメモ**
　直訳すると、「おかげさまで元気ですよ、あなたは？」。別の言い方として、Good thanks. How are you?（グッ・テンkス、ハゥアーユ？）も使えます。

ようこそいらっしゃいました。
### I am good. Thank you!
アイm・グッ・テンキュー

**✎ワンポイントメモ**
　直訳は「元気ですよ。ありがとう！」

18

## お客様への声かけ

どちらの国からいらっしゃいましたか？
**Where are you from?**
ウェア・アーユー・フロm？

日本は初めてですか？
**First time in Japan?**
ファースt・ッアイム・イン・ジャペーン？↗

素敵なワンピースですね。
**I like your dress.**
アイ・ライキョー・ジュレス

お迎え／ご案内

応対する

おすすめ

会計

お見送り

免税販売

# まずは笑顔で短く元気にあいさつ！

Hello!（ヘロゥ！）の後、すぐに How are you?（ハゥアーユ？）と言うことで、ネイティブ感覚でスムーズなお出迎えの印象を与えましょう。

入店された外国人観光客に対して、私たち日本人はどう声をかけてよいのかわからずに黙ってしまうことがあります。**まずは日本語でいいので「いらっしゃいませ！」と笑顔でお迎えする**ことで、外国人観光客が歓迎されていると感じられる環境をつくることが何より重要です。

そして、最低限の英語を交えてさらに安心してお食事やお買い物を楽しんでもらえるようにしましょう。

なお、「いらっしゃいませ」を May I help you?（メイ・アイ・ヘウピュー？↗）と表記している英会話集もありますが、これは「何かお手伝いすることはありませんか？」という意味のため、入店してすぐにこのように声をかけられると驚かれることもあります。

さらに「何かお手伝いできることは？」と聞くと、さまざまな答えが返ってくることが多く、結果的に対応に困ることもあります。

つまり、**まずは Hello! と元気にあいさつするのが一番**なのです。

> ドンキの現場より!
> ワンポイントアドバイス

## I am GENKI!

　How are you? と声をかけると、お客さんから、I am good thanks, and you?（アイm・グッ・テンkス˅エンジュー？↗）「ありがとう。あなたはいかがですか？」などと質問を返されることもあると思います。

　ワンランク上の返事が、I am GENKI! Genki means "I am good!" in Japanese.（アイm・ゲンキ˅ゲンキ・ミーンz・アイm・グッ・イン・ジャパニーz）「私は元気です！　ゲンキは日本語で『元気・健康・気分がいい』という意味です」というフレーズです。

　日本通のお客様には「ゲンキ」という単語を知っている方も多く、知らないお客様も喜んで覚えようとしてくれます。

# Scene 2 >> 人数確認
# 何名様ですか？

## お客様との会話

何名様ですか？
**How many?**
ハウ メニ？

私たちは4人組です。
**A party of four.**
ア・パーゥリィ・オヴ・フォー

## お客様への対応

申し訳ありません。ただいま満席でございます。
**Sorry, we are full now.**
ソーリィ　ウィー・アー・フォゥ・ナゥ

10分お待ちいただけますでしょうか。
**Please wait 10 minutes.**
プリーz・ウェイッ・テン・ミニッ

予約はなさっていますか？
**Do you have a reservation?**
ドゥー・ユー・ヘヴ・ゥリザベーション？↗

ただいまおうかがいします。
**Be there in a second.**
ビーデア・インナ・セカンッd

お待たせしました。
**Thank you for waiting.**
テンキュー・フォー・ウェイリィンg

お迎え／ご案内 | 応対する | おすすめ | 会計 | お見送り | 免税販売

23

# 「パーティー」は宴会ではなくグループのこと

「**何**名様でいらっしゃいますか？」を正確に丁寧に言うと、How many people in your party?（ハウメニ・ピーポォ・イン・ヨォ・パーリィ？）となりますが、ここは簡単にHow many?（ハウメニ？）でOK。ポイントは、**語尾を上げて疑問形で言うこと**です。

その後に、外国人客が「パーティー」と言ってきても、それはパーティーや宴会をしたいという意味ではありません。ここでの「パーティー」は団体、グループという意味になります。

ネイティブ発音の「パーティー」はアメリカ英語では「パーゥリィ」のように聞こえますので、4人グループの場合には、A party of four.（ア・パーゥリィ・オヴ・フォー）（4人組）です。
**「パーゥリィ」という単語の後に来る数字**をしっかり聞き取りましょう。

> 英語のプロ
> 櫻井さんが教える!
> ワンポイントアドバイス

# 「t」がわかると面白い ①

　覚えてしまえば、英語の発音が良くなったと手応えを感じられ、自信につながりやすいのが「t」の発音。しっかり練習していきましょう。

## 「t」が語頭に来る場合

- **「tr」からの場合**…「tr」を（チュ）と発音します。
  例）train（電車）チュレイン／ try（試す）チュライ／
  　　tree（木）チュゥリー
- **「t」からの場合**…「t」の前に小さい「ッ」が入ります。
  例）time（時間）ッァイm ／ Tokyo（東京）ッォーキョー／
  　　towel（タオル）ッアオーゥ

## 「t」が語中に来る場合

- 「タ」行を「ラ」行で読みます。そうすることでよりネイティブに近い発音ができます。
  例）better（より良い）ベラー／ little（少し）リロー

## 「t」が語尾に来る場合

- 最後に小さい（t）が入ります。
  last（最後）レァスt ／ sit（座る）スィt ／
  can't（できない）キャーンt

# Scene 3 ≫ ご案内

# 禁煙席ですか、喫煙席ですか？

## お客様との会話

禁煙席ですか、喫煙席ですか？
**Smoking or non-smoking?**
スモーキンg　オー・ノンスモーキンg？↗

禁煙席でお願いします。
**Non-smoking please.**
ノンスモーキンg・プリーz

## お客様をご案内する

こちらへどうぞ。
**This way, please.**
ディス・ウェイ　プリーz

ご案内します。
## I'll show you.
アイウ・ショウ・ユー

ご案内いたします。
## Let me show you the way.
レッミー・ショーユー・ダ・ウェイ

ついてきてください。
## Please come along.
プリーズ・カマロンg

こちらがお客様のお席です。
## This is your table.
ディスィz・ヨォ・テイボー

畳のお席ですが、よろしいですか？
## Tatami seating OK?
タタミ・スィーティン・オーケィ？ ↗

# 禁煙／喫煙、
# 畳の席などは配慮を

**全**面禁煙が多い欧米。日本の飲食店内で**喫煙している人を見かけてびっくりした**という外国人観光客も少なくありません。

グローバル時代に合わせ、日本でもお席にご案内する際にSmoking or non-smoking?（スモーキンg・オー・ノンスモーキンg？↗）「喫煙席ですか？ それとも禁煙席ですか？」と確認するのは、スタンダードになってくるでしょう。

また、椅子ではなく畳のみの席の場合は、外国人には**長時間畳の上に座ることに慣れていない**方が多いため、例文のように、Tatami seating OK?（タタミ・スィーティンg・オーケィ？↗）「畳のお席ですが、よろしいですか？」と、ひと声かけてあげると親切です。

英語のプロ
櫻井さんが教える！
ワンポイントアドバイス

## 「t」がわかると面白い②
## ——なぜレリゴーなの？

　2013年に公開され世界中で大ヒットしたディズニー映画『アナと雪の女王』。中でも、ヒロインのエルサが歌う「レット・イット・ゴー」は、子どもから大人までを魅了しました。

　レット・イット・ゴーは、英語でLet It Go（ありのままで）という英文。でも、実際は「レリゴー」と発音していますよね。

　実はこれは、25ページで紹介した「t」の法則の応用編で、文章中のある単語が子音で終わり、その後にくる単語の頭が母音の場合、単語同士がくっついてひとつながりの音として発音します。

　この法則にのっとると、Let It GoはLetとItをつなげて発音することになり、tが語中に来る場合に当てはまります。ti（ティ）はラ行の（リ）と発音することになるため、（レリゴー）と発音しているのです。

# Scene 4 ≫ 場所案内

# 上の階にお進みください。

## お客様との会話 track08

大浴場にはどうやって行けばいいですか?
### How can I get to the public bath?
ハウ・キャナイ・ゲットゥー・
ダ・パブリッ・バッス?

📝ワンポイントメモ
ッスは口に舌をはさんで発音します。

2階へ行ってください。
### Please go to the second floor.
プリーz・ゴー・トゥー・ダ・セカンd・フロー

## お客様をご案内する track09

上の階にお進みください。
### Please go up stairs.
プリーz・ゴー・アッp・ステアーz

下の階へお進みください。

**Please go down stairs.**

プリーz・ゴー・ダウン・ステアーz

まっすぐ進んで2つ目の角を左です。

**Please go straight and left at the second corner.**

プリーz・ゴー・スチュレイッ　エン・
レフt・アッ・ダ・セカンd・コーナー

ここを左に進んで3つ目の角を右です。

**Please go to the left and right at the third corner.**

プリーz・ゴー・トゥーダ・レフt　エン・
ゥライt・アッ・ダ・ターd・コーナー

# 道案内には野球用語が便利

**広**い旅館やホテルの中では、外国人観光客が道に迷ってしまうこともよくあります。

そんなとき、頭に思い浮かべると便利なのが野球の球場。階数や右左、まっすぐ、角など、道案内に必要な英単語のほとんどは野球用語なのです。

### 野球では…
- 1塁　first　（口をあまり開けないで）ファーs t
- 2塁　second　セカン d
- 3塁　third　（口をあまり開けないで）ター d
- ライト（右側の外野）　right　ゥライ t
- レフト（左側の外野）　left　レフ t
- ストレート（まっすぐの球）　straight　スチュレイ t
- コーナー（角）　corner　コーナー

### 応用すると…
- 1階　1st floor　ファース t・フロー
- 2階　2nd floor　セカン d・フロー
- 3階　3rd floor　（口をあまり開けないで）ター d・フロー
- 4階　4th floor　フォース・フロー

※4階以上は、数字の後に th（ス）をつけます。

> 中村好明が教える！
> インバウンド豆知識

## 英語のホームページを！

　外国人観光客の中でも最近増えているのが個人旅行のお客様。もし、皆さんの施設がこれからインバウンドを本格的に増やしていこうと思うのなら、簡単なものでいいので英語のホームページの開設をおすすめします。

　韓国をはじめ、日本以上にインターネットやスマートフォンが普及している国が多く、予約につながるだけでなく、訪日する前に情報を得ておきたいというニーズに応えることができます。

　高橋さんの富士箱根ゲストハウスももちろん、英語のホームページやFacebookを開設。ブログでも日本語と英語、中国語などで毎日の様子を発信しているため、来日する前からワクワクさせてくれそうです。

富士箱根ゲストハウス　http://fujihakone.com/en/

Scene 5 ≫ ごゆっくり

# ごゆっくり検討ください。

## お客様との会話

track10

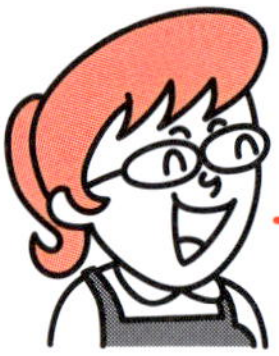

ご注文はお決まりですか？

**Are you ready to order?**

アー・ユー・ゥレディ・トゥ・オーダー？↗

まだです。

**Not yet.**

ノッ・ィエッｔ

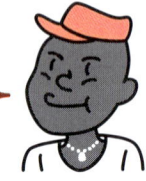

では、ごゆっくりどうぞ。

**OK. Take your time.**

オーケィ テイキョー・ツァイm

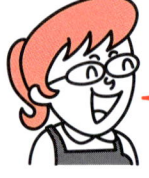

## お客様への声かけ

ごゆっくり検討ください。
**Please take your time.**
プリーz・テイキョー・ツアイm

見るだけでもどうぞ。
**Please look around.**
プリーz・ルッk・アラウンd

取り置きもできますよ。
**We can keep it for you.**
ウィー・キャン・キーピッt・フォー・ユー

（料理をテーブルに置きながら）
さぁ、お食事をお楽しみください。
**Enjoy it.**
インジョィ・イッt

35

もうかる
イングリッシュ
の極意
5

# 魔法のフレーズは「プリーz・テイキョー・ツァイm」

日本国内でも海外でも、皆さんはショップの店員さんにしつこく迫られて嫌な思いをしたり、後悔するようなものを買ってしまったりしたことはないでしょうか。

今、ドン・キホーテには日本を訪れる外国人観光客の2人にひとりが訪れています。その**成功の一番の理由**は、ドン・キホーテが「顧客最優先主義」をモットーとして、主役はお客様であるという考えのもとで店づくりや接客を行っているからです。

そこで大事な最初の魔法のフレーズが、Please take your time. (プリーz・テイキョー・ツァイm)、「ごゆっくりどうぞ」「ごゆっくり検討ください」というひと言。自分の都合で**相手を急かさないように配慮する気持ち**を表した言葉です。

こうして常にお客様、旅人の目線に立つ接客こそが、結果的にもうかるイングリッシュにつながります。

**中村好明が教える！**
インバウンド豆知識

いつもハートは燃えてるよ!!

## お客様を楽しませる「圧縮陳列」

　ドン・キホーテのコンセプトとしてよく知られているのが、商品を縦横のスペースいっぱいに積み上げる独特の「圧縮陳列」。

　もともとは創業当時の店舗が狭かったことから生まれたものですが、ふたを開けてみたら、目当ての商品が見つかりにくいからこその意外な発見もあり、お客様から思わぬ好評を得ることとなりました。

　トイレットペーパーからブランド品まで何でもあって、宝探しのような楽しさは、日本人だけでなく外国人のお客様にも同じだったようです。

　実は、この圧縮陳列はものすごい手間と時間がかかります。同じく手書きPOPも、本社で一括作成した方が安くてきれいなのに、各店舗にあえて手書きのPOPライターがいるのは、お客様を楽しませるという視点での戦略です。

ドン・キホーテの圧縮陳列

# Scene 6 ≫ 一緒に探そう
# 何をお探しですか？

## お客様との会話

もう少し安い商品はありますか？
**Do you have any cheaper ones?**
ドゥー・ユー・ヘヴ・エニィ・チーパー・ワンz? ↗

こちらなんていかがでしょう？　お手頃ですよ。
**How about these?**
**Much more reasonable!**
ハウ・ァバウt・ディーz?　マッチ・モー・ゥリーズナボー

こちらに抹茶商品はありますか？
**Do you have Matcha items here?**
ドゥー・ユー・ヘヴ・抹茶(マッチャ)・アイレmス・ヒア? ↗

レジのすぐそばにございます。
**They are beside the cashier.**
デイ・アー・ビサイ・ダ・キャシァ

38

## お客様への声かけ

何をお探しですか？
### What are you looking for?
ワルユー・ルッキンg・フォー？

ご案内します。
### I'll show you.
アイウ・ショー・ユー

ご一緒にどうぞ。
### Come along.
カマロン

奥の左にあります。
### It's in the back on your left.
イッツ・インダ・ベアッk・オンヨー・レフt

## もうかるイングリッシュの極意 6

# お客様の願いをかなえる お手伝いを！

**外**国人観光客にとっての日本は、お金と時間、手間をたくさんかけてようやく実現した旅行です。

**何を食べよう、何を買おう、何をしようと非常に楽しみ**にしています。それは逆に考えると、食べたかったものが期待外れだった、買いたかったものが見つからなかったときの**落胆も日本人の国内旅行の感覚以上に大きい**ということ。

だからこそ、これからのインバウンド消費の最前線で活躍する皆さんには、彼らの願いをかなえる手伝いを一緒にしてほしいのです。

店内をひと回りしたお客様が戸惑っている様子だったら、What are you looking for?（ワルユー・ルッキンｇ・フォー？）「何をお探しですか？」とお声がけするといいですね。

外国人観光客の日本での購買力は非常に高く、2014年のひとり当たりの旅行消費額は15万1,374円で過去最高となりました。

このうち最も多いのが買い物代で、宿泊費、飲食費と続いています。SNSなどの口コミで調べた「買いたいものリスト」をプリントアウトして来店する人もたくさんいます。

> ドンキの現場より!
> ワンポイントアドバイス

## 抹茶はMatchaでOK

　外国人観光客に高い人気を誇るおみやげの代表格が、和のイメージを連想しやすい抹茶テイストの商品です。

　ドン・キホーテでも大阪の「道頓堀店」の店頭や「新宿東口本店」の地下1階に行くと、壁一面が緑で埋め尽くされるほど、ありとあらゆる抹茶商品が並んでいます。

　さて、この抹茶のことを英語でgreen teaと表示しているところも多いと思います。ところが、green teaは本来「緑茶」の意味。green teaと表記すると、「これは抹茶味でない」と思われ購買のチャンスを逃してしまう可能性があります。

　今や外国人観光客にも抹茶（Matcha）という単語は知られていますので、正しくMatchaと表記しましょう。

# Scene 7 » おすすめ① 個人的に
# 個人的にはこれがおすすめです。

## お客様との会話

track 14

おすすめは何ですか？
**What do you recommend?**
ワルユー・ゥレコメンd？

私のおすすめは、これと、これと、これです。
**I personally recommend this, this, and this.**
アイ・プァーソナリィ・ゥレコメンd・
ディス ディス エン・ディス

42

## お客様にすすめる

track15

個人的にはこれがおすすめです。
**I personally recommend this.**
アイ・プァーソナリィ・ゥレコメンd・ディス

ぜひ試してみてください。
**Please try it!**
プリーz・チュライッt

私はこれが大好きなんです。
**I love it.**
アイ・ラヴィッt

これはとても美味しいですよ！
**This tastes really good !**
ディス・テイスツ・ゥリリー・グーd

43

## もうかるイングリッシュの極意 7

# 個人的なおすすめを

What do you recommend?（ワルユー・ゥレコメンd？）「おすすめは何ですか？」と外国人客から質問されたら、**あなた自身のおすすめを教えてあげましょう。**

　なぜなら、外国人旅行者にとっては、面と向かって話している人の話の方が信頼できる情報としてより魅力的に感じることが多いからです。

　通常、店の商品を勧めるときは、We recommend...と、私たちという意味で「We」を主語で使いますが、あえて「I」にすることで、店の都合ではなく、あなた自身が友人のような立場でアドバイスしているという思いを伝えることができます。
　そして、より強調したいときに使いたい単語が、「個人的」という意味のpersonally（プァーソナリィ）です。

　また、ひとつだけでなく、**複数の品を同時におすすめしてもいいですね**。なぜなら、海外からのお客様は、またいつここに来られるかわかりません。今しか食べられない、買えないと思うと、いくつも試してみたいものだからです。

　飲食店の場合は、this（ディス）と言いながら、メニューを指差しておすすめしてください。さらに、Please try it!（プリーz・チュライッt）「ぜひ試してみてください」という一文を加えると、アピール効果がアップします。

**中村好明が教える!**
インバウンド豆知識

いつもハートは燃えてるよ!!

## 多言語のメニューを

　どこの国からのお客様が来店しても対応できるようにメニューは多言語で作成することをおすすめします。

　まずは英語、そして訪日数の多い国として中国語（簡体字・繁体字）、韓国語で用意するのがベスト。今後は、旅行者が急増しているタイのタイ語への対応も必要になってくるでしょう。

　では、どのような多言語メニューを作成すればいいのでしょうか。

　まず、英語・中国語（簡体字・繁体字）・韓国語・タイ語などそれぞれの言語でメニュー名を記載し、さらに調理方法や食材名の説明を加えます。そうすることで宗教的理由やアレルギーで食べられない食材を避けて注文をすることが可能になります。

　注文をとるスタッフのために日本語でも表記するといいですね。また、それぞれのメニューに番号をつけ、番号をもとに写真だけのメニュー表を作り、お客様が写真を見ながら注文できるようにすると、オーダー率のアップと丁寧なおもてなしにつながります。

　多言語のメニューを一冊にまとめる理由は、外国人観光客の見た目では何語を話すか判断できないから。アジア系に見えても、中国系のアメリカ人であれば、中国語は読めず英語しかわからないということもあります。

# Scene 8 » おすすめ② ジャパンブランド

# 東京で一番人気です。

## お客様との会話

track16

何かお探しでしょうか？
**May I help you?**
メイ・アイ・ヘゥピュー？

地元のお菓子はありますか？
**Do you have any local snacks?**
ドゥー・ユー・ヘヴ・エニィ・ローコー・スナッkス？

これは北海道の名産品です。
**This is the specialty of Hokkaido.**
ディスィz・ダ・スペシャゥティー・オヴ・北海道（ホッカイドー）

## お客様にすすめる

track17

東京で一番人気です。
**No.1 in Tokyo.**
ナンバー・ワン・イン・東京（ツォーキョー）

46

今、日本でとても人気があります。
**This is very popular in Japan now.**
ディスィz・ヴェゥリー・ポピュラー・イン・ジャペーン・ナゥ

これは日本製です。
**This is made in Japan.**
ディスィz・メイd・イン・ジャペーン

こちらはいかがでしょうか？
**How about this?**
ハウ・ァバウt・ディス？

台湾からのお客様に一番人気です。
**The most popular among Taiwanese.**
ダ・モゥスt・ポピュラー・アマンg・タイワニーz

本物ですよ！
**It's real!**
イッツ・ゥリィオゥ

## Japanとご当地

**外**国人観光客が買いたいものは何か？　それは、「日本製」Made in Japanの商品です。日本製の商品はThis is made in Japan.（ディスィz・メイd・イン・ジャペーン）「これは日本製です」と言って強調して紹介すると購買意欲をより促すことができます。

「一番人気」「最高」「ナンバーワン」などのインパクトのある表現を取り入れるのもポイント。日本人はあまり自らをほめたたえることがないため、日常の会話でこれらの言葉を使うことは少ないかもしれません。でも、あなた自身が**お店の中で一番**、**東京で一番**だと思っていれば、十分おすすめする理由になります。自信を持って「ナンバーワン」とお声がけしましょう。

そして、Japanとともにキーワードとなるのが「ご当地」。インバウンドで今後予想されるのが地方各地へ旅行する人の増加です。

2014年10月からの免税制度の改正で免税対象が消耗品にも広がっ**たことで、地元の名産品をお土産としてアピール**する機会が増えました。皆さんが海外旅行をするときと同じように、外国人の間でもご当地モノは大人気です。

英語表現の前に、まずあなたのお店の品ぞろえを、外国人観光客のニーズに沿ったマーチャンダイジングの観点から今一度見直してみてください。実際の現場では、This is the specialty of Hokkaido.（ディスィz・ダ・スペシャウティー・オヴ・北海道）の「北海道」の部分を、自分の地元に置き換えてアピールしましょう。

**中村好明が教える!**
インバウンド豆知識

## POPの表示方法

　タイ人と中国人とでは人気のトレンドが違うように、外国人観光客だからといって人気商品のトレンドをひとまとめにすることはできません。各国でどんなものが流行っているのか。どんな食べ物が好まれるのかなど、常にアンテナを張り巡らせておきましょう。

　もし、あなたのお店にすでに海外からのお客様がいらっしゃるようなら、直接聞いてみる、あるいは実際に彼らが購入するものはどんな商品なのかを観察していれば、少しずつその傾向がわかるようになります。

　トレンドの傾向がわかり、たとえばある商品が特にタイからのお客様に人気なのであれば、タイ語のPOPを作成したり、あるいはタイのお客様に人気のある商品だけを集めた特設コーナーを設けたりすることもおすすめです。

　POPは多言語で表示することはおすすめしません。なぜなら、小さなPOPに多言語で表示すると、字がとても小さく、読みづらくなるので、伝えたいことが伝わらなくなってしまうからです。ピンポイントで勝負しましょう。

中国語のPOP

# Scene 9 ≫ おすすめ③　ギフト
# おみやげをお探しですか?

## お客様との会話　track18

おみやげをお探しですか?
**Souvenirs?**
スーヴェニァーズ? ↗

ちょっとした小さなプレゼントを探しています。
**I am looking for some small gifts.**
アイム・ルッキン・フォー・サム・スモー・ギフツ

ご自宅（ご自分）用ですか?
**For yourself?**
フォー・ユォセゥフ? ↗

5歳の甥っ子用です
**For my 5 year old nephew.**
フォー・マイ・ファイヴ・イヤー・オールd・ネフィユー

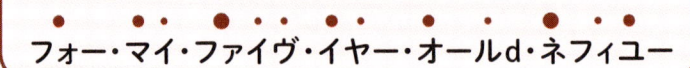

会社の同僚たち用です。
**For my colleagues.**
フォー・マイ・コリィーgス

## お客様への対応

track19

プレゼント用のラッピングは
いかがなさいますか？
**Gift wrapping?**
ギフッ・ゥラッピン？↗

よいプレゼントになりますね。
**It's good for a gift!**
イッツ・グッ・フォー・ア・ギフt

定番商品です。
**It's our staple item.**
イッツ・アワー・ステイポゥ・アイレm

お迎え／ご案内　応対する　おすすめ　会計　お見送り　免税販売

51

もうかる
イングリッシュ
の極意
9

# Yes ／ Noで答えられる質問をする

**外**　国人観光客にとって日本のお店には珍しいものや、わからないものばかり。店内を見回しているお客様にお声をかけて、ショッピングのお手伝いをしましょう。

　まだ英語の接客に慣れていないスタッフが多い店舗では、Souvenirs?（スーヴェニァーズ？↗）「おみやげをお探しですか？」のように、**Yes、Noや選択肢で答えられるような質問をする**と、どんな答えが返ってくるか予想をすることができてスムーズな対応ができます。

**中村好明が教える!**
インバウンド豆知識

いつもハートは燃えてるよ!!

## おみやげを意識した品ぞろえを

　日本経済新聞がまとめた日経MJ2014年ヒット商品番付で「アナと雪の女王」を押さえて東の横綱に輝いたのが「インバウンド消費」です。西の横綱は「妖怪ウォッチ」でした。

　2014年の訪日外国人の旅行消費総額はなんと前年比43.3％増の2兆305億円に上り、日本経済を支える消費力としての存在感を高めています。

　友人へのおみやげ用にまとめ買いする傾向が強いのも特徴で、ドン・キホーテの店頭でも国内客が1個買うところを20個、30個とまとめ買いします。おみやげを意識した小さなパックの品ぞろえも有効でしょう。

この店最高!

# Scene 10 » おすすめ④　値ごろ感

# 大変お買い得になっていますよ。

## お客様との会話

値引きしてもらえませんか？
**Can you give me a discount?**
キャニュー・ギヴミー・ア・ディスキャウンt？

20％値引きできます。
**We'll give you a 20% discount.**
ウィウ・ギヴユー・ア・トゥエンティ・パーセン・ディスキャウンt

## お客様への対応

大変お買い得になっていますよ。
**It's a very good deal.**
イッツァ・ヴェゥリー・グッディーゥ

お買い得です。
**It's a good buy.**
イッツァ・グッ・バイ

ご予算はいくらほどでしょうか？
**What's your price range?**
ワッツ・ヨォ・プゥライス・ウレィンジ？

今日の特売品です。
**It's today's special.**
イッツ・トゥデイz・スペショー

これ以上値下げできません。
**This is the final offer.**
ディスィz・ダ・ファイノゥ・オファー

## もうかるイングリッシュの極意 10

# お買い得は「ゥリーズナボー」

日本の物販は、市場などを除き、定価が決まっているのがほとんど。海外の国々と違い、値段交渉に応じることは少ないと思いますが、いざという時のために、It's a very good deal.（イッツァ・ヴェゥリー・グッディーゥ）「お買い得です」や、This is the final offer.（ディスィｚ・ダ・ファイノゥ・オファー）「これ以上値下げできません。＝最終的な値段です」といった**決まり文句を覚えておくと便利**です。

なお、安さをアピールするときに気をつけたいのが、cheap（チープ）と reasonable（ゥリーズナボー）の違い。

ともに値ごろ感を表す単語ですが、cheap が安かろう、悪かろうを意味するのに対し、reasonable は**お買い得という印象を与える**ので、積極的に活用したい表現です。

> ドンキの現場より！
> ワンポイントアドバイス

## 似た商品の違いを説明

　実際のドン・キホーテの店頭で多いのが、似通った商品が陳列されたコーナーで、なぜ料金が違うのかという質問。

　素材、成分、ブランドの違いなど、とっさの英会話で説明することは難しいため、事前に会話例を準備しておくほか、図にしてわかりやすく示すことも有効です。

例）
- **こちらの方が、より質がいいです。**
  This is much better quality.
  （ディス・イz・マッチ・ベラー・クゥオリティ）

- **こちらの方が、量が多いです。**
  It's a larger package（イッツア・ラージャー・パッケィジ）

- **こちらの方が、長持ちします。**
  It will last longer.（イッ・ウィゥ・レアスt・ロンガー）

# Scene 11 ≫ おすすめ⑤ 製法

# ハンドメイドです。

## お客様との会話

track22

ニッケルを使用している商品ですか?
### Does it contain nickel?
ダズ・イッ・コンティン・ニッケゥ? ↗

いいえ、ニッケルは使用していません。
### No, it's nickel free.
ノッ イッツ・ニッケゥ・フゥリィ

## お客様に説明する

track23

ハンドメイドです。
### It's handmade.
イッツ・ハンメイd

この商品は日持ちします。

## This will last long.

ディス・ウィゥ・レァスt・ローン

✏️ **ワンポイントメモ**
「この商品は2日間持ちます」と言う場合は、
This will last for 2 days.（ディス・ウィゥ・レァスt・フォー・トゥー・デイズ）
となります。

保存料未使用です。

## It has no preservatives.

イッ・ヘz・ノー・プゥリザヴェイティブ z

とても安全な商品です。

## It's very safe.

イッツ・ヴェゥリー・セイフ

これは漆塗りの商品です。

## It's a lacquered item.

イッツァ・ラッカーd・アイレm

59

> もうかる
> イングリッシュ
> の極意
> 11

# 安全性をアピール

**抹**茶商品について41ページで紹介しましたが、ドン・キホーテの店頭で抹茶商品とともに高い人気を誇るのが、長寿や健康志向を反映した美肌化粧水や豆乳ヨーグルトパックなどの自然派化粧品です。以前はデジタルカメラやスーパーブランドが中心でしたが、今では国内のお客様が購入される商品とそれほど違いがないようです。

　It has no preservatives（イッ・ヘz・ノー・プゥリザヴェイティブz）「保存料未使用です」、It's very safe.（イッツ・ヴェゥリィ・セイフ）「安全な商品です」といったフレーズで特性を説明できると、**訪日客の皆さんへの信頼度も一気に高まります**。特に中国人のお客様は、化粧品の原材料を気にされることが多いので、**簡単な説明文やPOPがあると、さらに売上アップにつながる**でしょう。

### よく聞かれる原材料例

- イスラム教徒でも食べられる食べ物
  Muslim friendly meal（ムスリm・フゥレンリー・ミィーウ）
- ケミカルフリー（天然由来の）商品
  Chemical-free items（ケミカル・フゥリィ・アイレmス）
- 卵不使用の食べ物
  Egg-free food.（エッグ・フゥリィ・フーd）
- 化学物質ビスフェノールAを使用していないプラスチック製品
  BPA Free（ビー・ピー・エー・フゥリィ）

※欧米人には、この有害物質を含まない商品を赤ちゃん用品などで好む方がたくさんいます。

**中村好明が教える！**
インバウンド豆知識

いつも
ハートは
燃えてるよ

## おもてなしの基本とは？

　2020年東京オリンピック・パラリンピックの誘致競争で、「おもてなし」という言葉が有名になりました。

　ところで、皆さんはおもてなしの正解とは何だと思いますか。たくさん買ってもらうことでしょうか？　私は**笑顔**（スマイル）で帰っていただくことだと思っています。

　両手にたくさんの荷物を抱えていても、その顔が曇っていたら、ほしい商品が見つからなかったなど、何か心残りがあるはずです。それでは、リピーターや口コミにつなげることはできません。

　繰り返しになりますが、外国人観光客は日本では弱者という視点を持ち、自分たちの都合ではなく、相手のために動くことがおもてなしの基本なのです。

# Scene 12 » おすすめ⑥　サイズ・色

## 他のサイズもございます。

### お客様との会話

どっちの方が似合うかしら？
**Which color is better for me?**
ウィッチ・カラー・イz・ベラー・フォー・ミー？

赤い方がいいと思います。
**I think the red one is better.**
アイ・ティンk　ダ・ゥレッd・ワン・イz・ベラー

### お客様への対応

他のサイズもございます。
**We have other sizes.**
ウィー・ヘヴ・アダー・サイズィz

サイズを測らせていただいてもよろしいですか？
**Can I take your measurements?**
キャン・ナイ・テイキョー・メジョーメンツ？↗

サイズにはS、M、Lがございます。
**We have small, medium and large.**
ウィー・ヘヴ・スモー　ミディアm　エン・ラージ

他の色もございます。
**We have other colors.**
ウィー・ヘヴ・アダー・カラーz

こちらは新色です。
**This is a brand-new color.**
ディスィz・ア・ブランニュー・カラー

素敵でしょう？
**It's nice, isn't it?**
イッツ・ナイス　イズニッt？

## もうかるイングリッシュの極意 12

# 英語ではサイズはSMLと言わない!?

日本ではサイズをS、M、Lで表すことが大半ですが、英語では「エス」「エム」「エル」とは言いません。

- S = Small（スモー）
- M = Medium（ミディアm）
- L = Large（ラージ。口を大きくあけて発音します。）
- XL = Extra Large（ィクスチュラ・ラージ）

と言いましょう。

ちなみに、衣類の場合は、日本と海外のサイズは規格が違います。**首回りや丈の長さ、胴回りなどを事前に寸法し、cmで表示しておく**と、購入後にサイズが合わなかったなどというクレームの回避につながります。

> ドンキの現場より!
> ワンポイントアドバイス

## 実は通じない和製英語!?

普段私たちが使っていて英語だと思っていても、実は海外の人にはまったく通じなかったり、別の意味になってしまったりする単語があります。

たとえば、よくやせている人を「スマート」と表現することがありますが、smartは実際には「頭が良い、賢明な」という意味であり、「やせている」ではありません。やせていると言いたい場合はslim（スリm）です。

このように、物販でよく使う和製英語の例をいくつか挙げてみましょう。

### 和製英語　⇒　実際の英語

- ビニール袋　⇒　plastic bag（プラスティッ・ベァg）
- キーホルダー　⇒　key chain（キー・チェィン）
- マフラー（首の巻物）　⇒　scarf（スカーフ）
- ワンピース（女性用衣類）　⇒　dress（ジュレス）

65

## Scene 13 >> おすすめ⑦　お似合いです

# ぴったりですね。

### お客様との会話

track26

試着してもいいですか?
**Can I try this on?**
キャン・ナイ・チュライ・ディス・オン?

もちろんです。
**Sure.**
ショオア

すみません。試着はできません。
**Sorry, you can't try it.**
ソーリィ　ユー・キャーンツ・チュライッt

## お客様への対応

（スタイルや色が）ぴったりですね。
**It's good on you.**
イッツ・グッドンユー

（サイズが）ぴったりですね。
**It fits you well.**
イッ・フィッチュー・ウェウ

よくお似合いです。
**That is so you.**
ダッリズ・ソー・ユー

青のネクタイがあなたの上着に合っています。
**The blue tie matches your jacket.**
ダ・ブルー・タイ・マッチィz・ヨォ・ジャケッt

67

こちらで決まりですね！
**It's perfect.**
イッツ・プゥワーフェクt

これが一番いいですね。
**This is the best one.**
ディスィz・ダ・ベスt・ワン

これで(お買い物は)すべてですか？
**Is that all?**
イz・ダッ・オー？↗

こんなにたくさんお買い上げいただき、ありがとうございます。
**Thank you for buying many things.**
テンキュー・フォー・バイン・メニ・ティングス

## もうかるイングリッシュの極意 13

# 主役はお客様、いい気持ちになっていただく

**も**うかるイングリッシュの基本は、主役は訪日客の皆さんであり、相手をいかにいい気持ちにさせられるかを考えて行動することです。

　従って、洋服や時計、名産品それぞれの素晴らしさをお伝えするだけでなく、**その商品がいかにお客様に似合っているか**、It suits you well.（イッ・スーチュー・ウェウ）「ぴったりです」といった簡単な表現でいいので、あなたの気持ちを伝えたいものです。

　その際は、The blue tie matches your jacket.（ダ・ブルー・タイ・マッチィz・ヨォ・ジャケッt）「青のネクタイがあなたの上着に合っています」などと、相手の身につけているものとの相性を考えて、おすすめできるとさらにいいですね。

　ただし、**心にもないこと、過剰なお世辞は禁物**。心からお客様のことを考えて接客することが、もうかるイングリッシュにつながります。

> 中村好明が教える！
> インバウンド豆知識

いつもハートは燃えてるよ!!

# 世界の国々の おもてなしを知る／中国編

　どんな国の方がいつ訪れても、温かいおもてなしの気持ちでお客様をお迎えしたいもの。そのためには、世界の国々の特徴を知れば、よりコミュニケーションを深めるきっかけになります。ここでは、各国のポイントをまとめるので参考にしてみて。まずは中国編から。

- 本書は誰にでも伝わるフレーズと発音を紹介していますが、いろんな国・地域の中でも母国語しか話せない方が多いのが中国の人々。英語での対応に加えて中国語（簡体字・繁体字）のメニュー、情報、サインなどを用意しておくと、さらに親切ですね。

- 団体行動が苦手な中国の人たち。列に整然と並ぶことは残念ながらあまり見かけませんね（全員がそうだと言っているのではもちろんありませんよ）。笑顔で列の末尾を案内しましょう。

- 冷たい料理、飲み物は好まないため、料理やお弁当は温めてお出しした方が喜ばれます。また、ビールも常温で飲む人が多いようです。（中国の人々はおなかを冷やさないことを健康上とっても大事にしているのです）

- ショッピングで使う金額は桁（けた）はずれ。最新の電化製品、化粧品が大好きで、ファッションに関心が高いのもポイントです。

# Column 1　日本人の英語ここがヘン

### ローマ字を習う理由

　皆さんの中には英語の発音に苦手意識を持つ方もいらっしゃるかもしれません。しかし、不安になることはありません。なぜならば、それはそうなるべく「仕組まれていた」からです。

　グローバル時代の到来で、今でこそ幼稚園や小学校時代からネイティブスピーカーから英語を学び始める子どもたちが増えていますが、ほとんどの方にとって、先に勉強したのは、英語よりもローマ字の方だったのではないでしょうか。

　日本人が小学校低学年の国語教育の中でローマ字を勉強する理由は2つ。1つ目は外国人に対して自分の名前を書くため。そして2つ目が、パソコンを使う際にローマ字で入力する方法が広く使われているためです。

### イタリアのレストランなら通じる

　ローマ字の起源は、古代ローマ帝国時代の文字です。つまり、ローマ字はイタリア語をベースに作られているため、もし私たちがイタリアに行き、レストランでイタリア語のメニューを習ったとおりのローマ字読みをすれば簡単に通じるでしょう（イタリア語の単語はたいてい日本語同様、母音で終わります）。

　ローマ字は国によって読み方が大きく違います。イタリア式でローマ字を学ぶ私たち日本人はKAを「カ」、KEを「ケ」と読みます。ところが、イギリスやアメリカなどの英語圏ではKAは「ケー」、KEは「キー」と読みます。

　つまり、私たちは英語学習をイタリア式のローマ字から始めてしまったため、間違った英語の発音をしてしまっていても当然と言えます。

Scene 14 >> 在庫確認

# これを3つもらえますか？

## お客様との会話　track28

これをください。
**I'll take this.**
アイゥ・テイk・ディス

かしこまりました。
**Sure.**
ショオア

## お客様が注文する　track29

これをください。
**Can I have this?**
キャン・ナイ・ヘヴ・ディス？ ↗

### 📝ワンポイントメモ
I'll take this.（アイゥ・テイk・ディス）や Can I get it?（キャン・ナイ・ゲリッ？）、This one please.（ディス・ワン・プリーz）もよく使います。

72

> これを3つもらえますか?
> **Can I have three of these?**
> キャン・ナイ・ヘヴ・チュリー・オヴ・ディーz？ ↗

## お客様への対応

> おいくつですか?
> **How many?**
> ハウメニ？

> かしこまりました。
> **All right.**
> オゥ ゥライッ t
>
> ✏️ **ワンポイントメモ**
> 別の言い方として、OK.（オーケィ）や、Of course.（オフコォス）も使えます。

> 在庫を確認してまいります。
> **Let me check the stock.**
> レッミー・チェック・ダ・ストッ k

今店頭に出ているだけになります。
**This is all we have.**
ディスィz・オーウ・ウィーヘーヴ

最後の1つです。
**This is the last one.**
ディスィz・ダ・レァスt・ワン

売り切れです。
**Sorry, sold out.**
ソーリィ　ソーウダゥッt

**もうかるイングリッシュの極意 14**

# 数字が聞こえたら、しっかり確認！

お客様が購入を決定したときは、I'll take this.（アイゥ・テイk・ディス）「これをください」などと言ってきます。

ここでのポイントは数字で、Can I have three of these?（キャン・ナイ・ヘヴ・チュリー・オヴ・ディーz？↗）「これを3つもらえますか？」というように、**数字が聞こえたら、複数個購入したい**場合なので、しっかり確認するようにしましょう。

また、This is all we have.（ディスィz・オーウ・ウィーヘーヴ）「今店頭に出ているだけになります」、Sold out.（ソーウダゥッt）「売り切れです」といった在庫状況は、現場でとてもよく使うフレーズなので覚えておくといいですね。

> 中村好明が教える！
> インバウンド豆知識

## 世界の国々の おもてなしを知る／韓国編

- 韓国の人々の支払いはクレジットカードが一般的。円安の今、日本でのショッピングは大きな魅力で、流行のファッション、電化製品、薬、健康食品などが喜ばれます。

- 韓国の人々は「おまけ」が大好きです。ちょっとした特典が大変喜ばれるので、導入してみてくださいね。

- 会話は基本的に英語でOKですが、あえてアンニョンハセヨ（こんにちは）と片言の韓国語であいさつするだけでも親近感が高まるでしょう。

- 日本以上にインターネットが普及している韓国。施設内にWi-Fi環境を整備すると、さらにいいですね。

> Column 2
> # ローマ字の呪縛

### りんごとトマトから学ぼう

ローマ字英語とネイティブ英語の発音の違いを具体的に見てみましょう。これはなんでしょう？　もちろん「りんご」ですね。では、英語ではなんと言いますか？　「アップル」です。さらに、「ネイティブっぽく発音するといかがでしょう？」と質問すると、ほとんどの方は「アッポー」と答えます。

「ポー」の部分は正解ですが、「ア」は間違っています。そこで、質問を変えて「a」をなんと読みますか？　と聞くと「エー」と皆さん答えます。それなのに、appleと書くと「a」を「ア」と読んでしまうのです。

これは私たち日本人のイタリア方式のローマ字発音をしてしまう悪いクセの代表例。Appleが外国人に通じる発音は、（エァッポー）なのです。

### ネイティブに通じる発音の練習を

このようにaの発音ひとつをとってもエァやエィなどと発音する単語が多いのが英語の奥深さ。ローマ字読みにとらわれず、aをネイティブに通じるよう発音できるように練習することで、実際海外からのお客様を接客する際に聞こえてくるであろう英単語を聞き分ける耳を養いましょう。

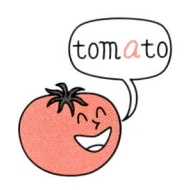

同じく、こちらは「トマト」です。英語で書くとtomatoです。「トマート」ではなくこちらも正しくは「a」を「ア」と読まずに「トメィトォ」と発音します。

# Scene 15 >> ご注文

# お食事はどうなさいますか？

## お客様との会話

track 31

どんなものを食べたいですか。
**What do you like to eat?**
ワッ・ドゥ・ユー・ライk・トゥ・イーt？

地元の食材を使った料理はありますか？
**Do you have any local specialties?**
ドゥー・ユー・ヘヴ・エニィ・ローコー・スペシャウティース？ ↗

今日は良いマグロが入っています。
**We have a very good tuna today.**
ウィー・ヘヴァ・ヴェゥリー・グッ・トゥナ　トゥデイ

## 料理／飲み物の注文をとる

**お食事はどうなさいますか?**
### Any food?
エニィ・フーd? ↗

**メニューをどうぞ。**
### Here is the menu.
ヒアゥリz・ダ・メニュー

**お水でございます。**
### Here is your water.
ヒアゥリz・ヨゥ・ウォーラー

**お飲み物はどうなさいますか?**
### Any drinks?
エニィ・ジュリンクス? ↗

## 料理／飲み物を出す

こちらです。
**Here you go.**
ヒア・ユー・ゴー

ビールをお持ちいたしました。
**Here is your beer.**
ヒアゥリz・ヨゥ・ビアー

ビールはどちら様ですか？
**Whose beer?**
フーz・ビアー？

# 飲み物の注文は「エニィ・ジュリンクス？」

**ご**注文をうかがう前に、Here is the menu.（ヒアゥリz・ダ・メニュー）「メニューをどうぞ」と言いながらメニューをお渡ししましょう。

　飲み物の注文については、「何かお飲みになりますか？」をWould you like something to drink? と表現している英会話本をよく見かけます。確かにこの表現は正解ですが、本書では簡単で100％通じる英語を目指していますので、Any drinks?（エニィ・ジュリンクス？）「お飲み物は？」と簡潔に言いましょう。

　食事が用意できてお出しするときは、Here you go.（ヒア・ユー・ゴー）「こちらです」とひと言そえれば好印象。
　また、複数の注文があった場合、Here is your beer.（ヒアゥリz・ヨゥ・ビアー）「ビールをお持ちしました」、Whose beer？（フーz・ビアー？）「ビールの方は？」などの表現も的確です。

　また、上級編になりますが、英語での接客に慣れてきたら、78ページの会話のように、**お客様が食べたいものを聞いて、リクエストに応えて**いきたいものです。

英語のプロ
櫻井さんが教える!
ワンポイントアドバイス

## LとRの直し方①

　私たち日本人を英語嫌いにさせる大きな理由が、このLとRの発音です。

　なぜ日本人は、LとRの発音が苦手なのでしょうか？　それはLとRの発音が日本語の50音に存在しない音だからです。

　でも、逆に考えると、ネイティブの人は日本語のラ行、「ら・り・る・れ・ろ」の発音がうまくできない場合があります。たとえば、「桜（さくら）」は（サクーァ）と発音してしまいます。

　つまり、日本語のこのようなラ行の使い方は英語には存在せず、英語のLとRの使い方は日本語には存在しないということ。つまり、日本人がLとRの発音ができなくても無理はないのです。

## Column 3　今すぐ第3の開国を

　今、本書を手に取っていただいている方の多くは主にショップやレストラン、宿泊施設で働き、急激に増えつつある訪日外国人への英語での接客を日々頑張っている方だと思います。
　でも、そもそもなぜ、日本に外国人旅行者が急増しているのでしょうか。もうかるイングリッシュを習得すると同時に、じっくり考えていただきたいと思います。

　今、日本では外国人観光客を迎えようという雰囲気が日ましに高まっています。歴史を振り返ると、島国である日本と海外との交流に関する節目、日本の開国ともいうべき節目は3回ありました。
　1回目は江戸時代末期の1854年、アメリカ海軍提督ペリーの来航により日本が鎖国をやめて条約を結び、アメリカやヨーロッパの国々との交流を始めたとき。その後すぐの明治維新で、西洋にならった近代的な学校制度ができ、ごく一部のエリートを対象に外国語教育も始まりました。
　2回目は第二次世界大戦が終わり、1964年になって日本人の海外旅行が自由化され、誰でも自由に外国に行けるようになったときのこと。この年はアジアで初めてのオリンピックが東京で開催され、東京を中心に社会基盤の拡充も進みました。日本人の海外旅行が大衆化するきっかけとなった渡航自由化は第二の開国とも言われています。
　そして3回目、第三の開国こそが、訪日外国人が急増しているまさに今です。訪日外国人客数は2013年に初めて1,000万人の大台を突破し、2014年はさらに300万人も増加して1,341万人が訪れました。皆さん自身も、空港や駅、観光スポット、商業施設など、日本のあちこちで外国人を見かける機会が増えていることと思います。

## Scene 16 >> 追加注文

# 何かほかに（ご注文は）ございますか？

### お客様との会話

デザートはいかがですか？
**Any desserts?**
エニィ・デザーツ？

いいですね。おすすめは何ですか？
**Why not!**
**What do you recommend?**
ワイナッ　ワルユー・ゥリコメンd？

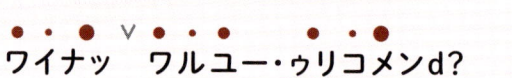

### お客様への対応

何かほかに（ご注文は）ございますか？
**Anything else?**
エニティン・エゥス？

少々お待ちください。
## Just a moment, please.
ジャスタ・モーメン・プリーz

**✏️ワンポイントメモ**
もし手元にデザートやカフェのメニューがなかったら、このように言ってメニューを取りに行きます。

ごゆっくりお過ごしください。
## Please take your time.
プリーz・テイキョー・ツアイm

お気に召しましたか？
## How do you like it?
ハウ・ドゥー・ユー・ライキッt？

お食事は満足いただけましたか？
## Everything good?
エヴリティン・グッ？ ↗

**✏️ワンポイントメモ**
別の言い方として、Are you full?（アー・ユー・フゥ？↗）も使えます。

## もうかるイングリッシュの極意 16

# 「ごゆっくり」は「プリーz・テイキョー・ツァイm」

**も**うけをアップさせるとともに、お客様とのコミュニケーションをより図るためにも、**お食事が終わるとまたお声がけしたいのが追加注文**です。

ここで予想される答えが、dessert（デザーt）「デザート」やcoffee（コォフィ）「コーヒー」、tea（ティー）「紅茶」などのドリンクメニュー。

もし、手元にデザートやカフェのメニューがなかったら、Just a moment please.（ジャスタ・モーメン・プリーz）「少しお待ちください」と言ってメニューを取りに行きます。

飲み物やデザートの用意ができたら、Please take your time.（プリーz・テイキョー・ツァイm）「ごゆっくりお過ごしください」と声をかけるのも親切ですね。

> 英語のプロ
> 櫻井さんが教える！
> ワンポイントアドバイス

## LとRの直し方②

　LとRが上手に言えなくても気にすることはありませんが、少しのコツでネイティブに近い発音ができるようになります。

**<L>**

　Lを発音する際に、舌を上あごの歯ぐきの裏につけて音を出してみましょう。「ウー」のように聞こえませんか？それがLの音です。従って、Lで終わる単語はすべてこう発音できます。

- goal（ゴール）ゴーゥ
- will（意志・未来）ウィゥ
- cool（かっこいい）クーゥ

　舌を上あごの歯ぐきの裏につけて（ウ）の音を出してからLa・Li・Lu・Le・Loと言ってみましょう。これがネイティブのLの発音です。

**<R>**

　一方、Rを発音する際は、Rの前に小さい（ゥ）が隠れていると想像しながら、Ra・Ri・Ru・Re・Roと発音してみましょう。これがRの発音です。小さい（ゥ）を発音する時は、口をしっかりすぼめるのがポイントです。

**上級編　Really**

　Reallyは（リアリー）と発音する日本人が多いと思います。でも、上記のルールにしたがって、最初の「リ」はRで、次の「リー」はLで発音してみると、ネイティブ発音の（ゥリリー）となります。

# Scene 17 » チェックイン① 予約あり
# チェックインですか？

### お客様との会話

**チェックインですか？**
**Check in Sir／Ma'am?**
チェッキン・スァー／メェーm？↗

**はいそうです。私の名前は…。**
**Yes, please. My name is….**
ィエス・プリーz　マイネィm・イz

**これまでのご旅行は順調でしたか？**
**How's everything going?**
ハウz・エヴリティン・ゴーイン？

**ちょっと迷いましたが、なんとかたどり着けました。**
**It was quite complicated, but anyway we made it.**
イッワz・クワイツ・コンプリケイリッd
バッ・エニウェイ・ウィ・メイディッt

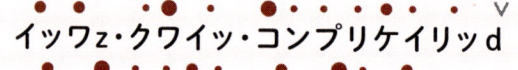

88

## お客様への対応

こんにちは。
**Hello Sir ／ Ma'am.**
ヘロゥ・スァー／メェーm

いらっしゃいませ！
**Welcome !**
ゥエゥカm

ご予約は済んでいらっしゃいますか？
**Do you have a reservation?**
ドゥー・ユー・ヘヴァ・ゥリザベーション？

お名前をお願いします。
**Your name, please?**
ヨォ・ネィm・プリーz？

お待ちしていました。
## We've been expecting you.
ウィヴ・ビーン・イクスペクティン・ユー

どうぞお入りください。
## Please come in.
プリーz・カミン

## 「お待ちしていました」の気持ちを伝える

**もうかるイングリッシュの極意 17**

ホテルや旅館で海外からのお客様をお迎えする最初の業務がチェックインです。

チェックインには、予約をしたお客様と予約をしていないお客様の2パターンあります。いずれの場合もあいさつから。

**男性にはSir**（ファー。口をほとんど開けないで発音します）、**女性にはMa'am**（メーｍ）を最後につけるだけで、より丁寧な表現になります。

また、「お待ちしていました」という意味のWe've been expecting you.（ウィヴ・ビーン・ィクスペクティン・ユー）もぜひ取り入れたい表現です。

直訳すると、「私たちはあなたが来るのを待っていました」という意味です。wait（ウェィt）「待つ」とは違い、**expect**（ィクスペクt）**を使うことで「来るのを期待していた」**という気持ちを伝えることができます。

> 接客のプロ
> **高橋さんが教える!**
> ワンポイントアドバイス

## お客様にガス抜きしてもらいたい

　宿泊施設でのお出迎えのあいさつは、Scene 1でも紹介したように、いろんなフレーズがありますが、高橋さんが必ず最初にかける声は、Welcome!（ゥエゥカm）「いらっしゃいませ！」と歓迎を意味する言葉だそうです。

　ここには、母国から長時間のフライトの上、大きな荷物を持って成田や羽田空港からもわかりにくい複数の交通機関を乗り継いでようやくたどり着いた外国人観光客を心からおもてなししたいという思いが込められています。

　また、お見えになった観光客に、How's everything going?（ハウz・エヴリティン・ゴーイン？）「（ここまでの道中は）順調でしたか？」と聞くのも高橋さん流。

　その後に続く会話力が必要になる上級フレーズですが、言葉が通じず慣れない日本にやってきた外国人にこれまでの話を聞くことで、楽しかったこと、また不平や不満を吐き出して、これからの訪日旅行に向けてガス抜きしてもらいたいと願っているからだそうです。

## Column 4　未来を創る「インバウンド消費」

### 日本はなぜ外国人旅行者を増やすの？

　外国人旅行者が増えている理由は、海外プロモーションの強化、アジア各国からの訪日ビザ発給要件の緩和、LCC（＝格安航空会社）の路線拡大、円安で訪日旅行の割安感が高まっていることなど、いくつもあります。

　2020年のオリンピック・パラリンピック東京大会の開催が決定したことで、日本に対する世界の注目度も高まっていますが、一番の背景が、日本政府が誘致に力を入れていることです。

　なぜでしょうか。一番の理由が日本の人口減少です。中でも15歳から64歳の現役人口が年々減り、生産力、国内消費力ともに落ち込み始めています。

　その中で、人の交流を増加させて日本の未来を創るのが、訪日外国人の消費、インバウンド消費です。「インバウンド消費」という言葉は、日本経済流通新聞（日経MJ）が発表する2014年ヒット商品番付で、西の横綱の「妖怪ウォッチ」と並び、東の大関の「アナと雪の女王」、西の大関の「ハリー・ポッター in USJ」を押さえて、なんと東の横綱に選ばれました。

　皆さんのように職業のひとつとしてインバウンドに関わる人だけでなく、日本人全体がサービスとおもてなしでこの国を豊かにしようという国づくりへの変化が求められています。そして、訪日外国人旅行者（交流人口）をさらに増やすことを通して、わが国の若い人たちの雇用を創出し、彼らの結婚率、出生率を上げ、ひいては私たち日本に住んでいる人口（定住人口）の減少そのものを下げ止まらせて増加へと転じさせ、持続可能な未来を築くことが求められているのです。

# Scene 18 ≫ チェックイン② 予約なし

# ツインルームがございます。

## お客様との会話

空室はありますか?
### Do you have any vacancies?
ドゥー・ユー・ヘヴ・エニィ・ヴェイケンスィーz?↗

✏️ ワンポイントメモ
別の言い方として、Do you have any rooms available?(ドゥー・ユー・ヘヴ・エニィ・ルームス・アヴェィラボー?)も使えます。

ツインルームがございます。
### We have a twin room.
ウィ・ヘヴァ・トゥイン・ゥルーm

1人部屋がございます。
### We have a single room.
ウィ・ヘヴァ・スィンゴー・ゥルーm

## お客様へのご案内

朝食付きです。

**It comes with breakfast.**

イッ・カmz・ウィd・ブレッファスt

夕食と朝食付きです。

**It comes with dinner and breakfast.**

イッ・カmz・ウィd・ディナー
エン・ブレッファースt

## もうかるイングリッシュの極意 18

# 「ヴェイケンスィーz」で予約がないお客様

予約をしていないお客様にCheck in Sir／Ma'am?（チェッキン・サァー／メェーm?）と聞くと、Yes、Noではなく、Do you have any vacancies?（ドゥー・ユー・ヘヴ・エニィ・ヴェイケンスィーz?）、あるいはDo you have any rooms available?（ドゥー・ユー・ヘヴ・エニィ・ゥルームス・アヴェィラボー?）と尋ねてくるはずです。

**いずれも「空室はありますか?」という英文**で、vacanciesはvacancy（ヴェイケンスィ）の複数形で「空室」、available（アヴェィラボー）は「利用できる」「空いている」という意味の単語です。

このvacancies（ヴェイケンスィーz）あるいはavailable（アヴェィラボー）の単語が聞こえたら「空室を聞かれている」、イコール「予約をしてないお客様」だと判断しましょう。

空室を確認し、空室があったらWe have.（ウィ・ヘヴ）で答え、食事が含まれるプランの場合はその説明をしましょう。

> 接客のプロ
> 高橋さんが教える!
> ワンポイントアドバイス

## ふとんを敷くときの心遣い

　高橋さんが営む富士箱根ゲストハウスの客室はすべて和室のJapanese-style room（ジャパニーz・スタイウ・ゥルーm）となっています。

　1人の宿泊料金が5,000円からと非常にリーズナブルでありながら、客室のふとんはすべてスタッフが事前に敷いておき、チェックイン後は客室に立ち入らないようにしています（プライバシーを尊重するため）。

　また、ベッドがある部屋のように、ふとんを壁につけて敷くのも高橋さんならではのおもてなしです。欧米系の外国人の場合、寝る際に頭の上が空いていると危険を感じる人が多いことに対応した配慮です。

# Scene 19 》 チェックイン③　書類への記入

## （お名前は）活字体で記入をお願いします。

### お客様との会話

（お名前は）活字体で記入をお願いします。
**Block letters, please.**
ブロッk・レラー・プリーz

もちろん、いいですよ。
**Ok, sure.**
オーケィ　ショオア

### お客様への対応

お名前を教えていただけますか？
**Your name, please?**
ヨォ・ネィm・プリーz？ ↗

スミス様、ようこそお越しくださいました。
## Welcome, Mr. Smith.
ゥエゥカm・ミスター・スミス

こちらをご記入ください。
## Please fill out this form.
プリーz・フィゥ・アウッ・ディス・フォーm

パスポートをお願いします。
## Your passport, please?
ヨォ・ペァスポー・プリーz？↗

チェックインは午後3時からです。
## The check-in time is 3 p.m.
ダ・チェッキン・ツァイm・イz・チュリー・ピー・エm

もうかる
イングリッシュ
の極意
19

# 「ヨォ・ネィm・プリーz?」で紙とペンで書いてもらう

**宿**泊施設では、予約済みのお客様、また予約が完了したお客様への次のステップとして名前を確認します。

ただ、名前を聞いてもスペルがわからなければ、予約台帳から探し出すことができません。そこで、紙とペンを差し出しながら、Your name, please?（ヨォ・ネィm・プリーz？↗）「お名前をお願いします」と聞きましょう。

**筆記体で読めない場合は、Block letters, please.**（ブロック・レラー・プリーz）「（お名前は）活字体でご記入願います」と言って書き直してもらいましょう。

その後、宿帳や宿泊カードに記入してもらい、パスポートやクレジットカードのチェックをします。

ちなみに宿泊カードについて、フレーズではthis form（ディス・フォーm）と紹介しましたが、正式には、registration form（ゥレジストゥレイション・フォーm）、あるいはregistration card（ゥレジストゥレイション・カーd）と言います。

> 接客のプロ
> 高橋さんが教える!
> ワンポイントアドバイス

## ホスト、ホステスは「もてなす人」

　ホスト、ホステスというと、皆さんはどんなイメージをお持ちでしょうか。夜のバーやクラブなどで客の接待を行う男性従業員、女性従業員として、ともすればネガティブな意味でとらえられることも少なくないのではないでしょうか。

　ところが、高橋さんがゲストハウスの名刺に記している自分の肩書は、日本語の「代表」を英訳したRepresentative（ゥリプリゼンタティヴ）ではなくHost（ホスt）。

　Host、Hostess（ホステス）には、客をもてなす主人という意味もあり、海外の宿の経営者は自分をHostと称する人が多いことと、高橋さん自身のもてなしの思いを込めてこう名乗っているそうです。

# Scene 20 » チェックイン④　鍵のお渡し

# こちらがお部屋の鍵です。

## お客様との会話

お荷物をお運びしますか？
**Shall we carry your luggage?**
シャゥ・ウィー・キャゥリィ・ヨォ・ラギィジ？

じゃあ、お願いします。
**Sure, yes, please.**
ショォア　イエス・プリーz

いいえ、（自分で運びますから）大丈夫です。
**No, I am good.**
ノッ　アイm・グッ

## お客様をご案内する

こちらへどうぞ。
**This way, please.**
ディス・ウェイ・プリーz

こちらがお部屋の鍵です。
**Here is your key.**
ヒアゥリz・ヨォ・キー

ぜひ楽しんでお過ごしください。
**Please enjoy your stay.**
プリーz・インジョイ・ヨォ・スティ

不明な点はございますか？
**Any questions?**
エニィ・クエスチョンz？↗

何かあれば私たちに言ってください。
**For any help, please ask us.**
フォー・エニィ・ヘゥp プリーz・アスk・アス

お迎え／ご案内
応対する
おすすめ
会計
お見送り
免税販売

103

> もうかる
> イングリッシュ
> の極意
> 20

# 笑顔で「プリー z・インジョイ・ヨォ・スティ」

**宿**泊カードへの記入が完了したら、Here is your key.（ヒアゥリ z・ヨォ・キー）「こちらがお部屋の鍵です」と言って鍵をお渡ししましょう。

　また、施設によっては、Shall we carry your luggage?（シャゥ・ウィー・キャゥリィ・ヨォ・ラギィジ？⤴）「お荷物、お運びしますか？」と、荷物を部屋まで運ぶかどうかうかがいます。

　答えが Yes の場合、運ぶ手配をして最後に笑顔で Please enjoy your stay.（プリー z・インジョイ・ヨォ・スティ）「滞在をお楽しみください」と伝えれば OK。
**これでチェックイン業務は完了**です。

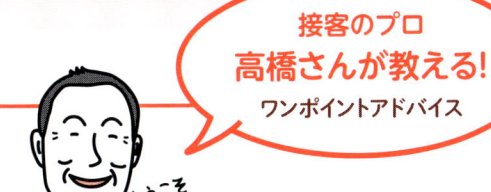

> 接客のプロ
> 高橋さんが教える!
> ワンポイントアドバイス

## 安心してもらえる
## ひと言を

　チェックインの終わりに、高橋さんが必ず告げているのが、If you need any help , please feel free to ask us.（イフ・ユー・ニーd・エニィ・ヘウp▽プリーz・フィーウ・フゥリー・トゥー・アスk・アス）「もし何か必要があれば、気軽に言ってくださいね」という声かけで、それを簡単に言い換えたのが、For any help, please ask us.（フォー・エニィ・ヘウp▽プリーz・アスk・アス）です。

　異国に来た外国人観光客は、迎え入れる皆さん以上に不安でいっぱい。

　事前に言っておくことで安心を与えることができ、文化の違いから生じる互いの思い違いもクレームになる前に防ぐことができます。

　とはいえ、このように声をかけても10人のうち9人は何も言ってこられないそう。質問攻めに合わないか、それほど不安になることはありません。

# Scene 21 >> 部屋での案内
# こちらがお客様のお部屋です。

## お客様との会話

少し寒いですね。温度調節できますか?
**It's a little bit chilly here, can you make it warmer?**
イッツ・アリルビッ・チリー・ヒァ
キャニュー・メイキッ・ゥオーマー？

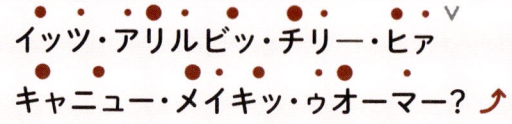

リモコンはこちらです。
（ボタンを指さしながら）ここで調節できます。
**Here is the remote. You can change the temperature.**
ヒアゥリz・ダ・リモゥt
ユー・キャン・チェインジ・ダ・テンプゥラチャー

## お客様をご案内する

こちらがお客様のお部屋です。
**This is your room.**
ディス・イz・ヨォ・ゥルーm

室内は禁煙です。
**You can't smoke in the room.**
ユー・キャーンツ・スモウk・イン・ダ・ウルーm

よろしければお茶とお菓子を召し上がってください。
**Please enjoy complimentary tea and sweets.**
プリーz・インジョイ・コンプリメンタゥリィ・ティー・エン・スウィーツ

これは饅頭です。蒸したパンにペースト状の赤い豆を詰めたものです。
**It's Manju. Japanese steamed bun stuffed with red bean paste.**
イッツ・饅頭(マンジュー)　ジャパニーz・スティームd・バン　スタッフd・ウィd・ゥレッd・ビーン・ペイスt

どうぞおくつろぎください。
**Please make yourself at home.**
プリーz・メイキョーセウフ・アッ・ホーm

（浴衣を）着るお手伝いをしましょうか？
**May I help you put it on?**
メイ・アイ・ヘウピュー・プリオン？↗

お迎え／ご案内

応対する

おすすめ

会計

お見送り

免税販売

107

## もうかるイングリッシュの極意 21

# 「コンプリメンタゥリィ」で無料の意味に

チェックインの手続きが終わって部屋に案内する場合は、まずThis is your room.（ディス・イz・ヨォ・ゥルーm）「こちらがお客様の部屋です」と言って、禁煙・喫煙、無料のサービスなどを簡単に説明しましょう。

**お茶、水、お菓子などの用意**は、用意という言葉からready for（ゥレリー・フォー）を使いがちですが、無料という意味のcomplimentary（コンプリメンタゥリィ）の方がストレートに伝わります。

また、最近、外国人観光客の間で**大人気なのが日本の浴衣や着物**。

でも、帯の結び方ひとつわからない人がほとんどなので、着るお手伝いを積極的にしてあげると、素敵な思い出につながります。

京都や浅草などでは、外国人向けの着付け体験を用意する施設も増えています。

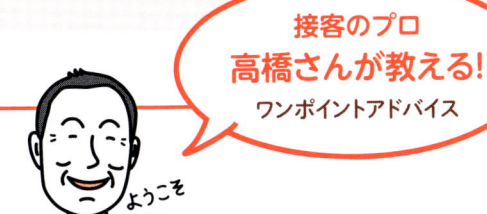

> 接客のプロ
> 高橋さんが教える!
> ワンポイントアドバイス

ようこそ

## 外国人は暑がり!?

　あなたにとって適温は何度でしょうか？　日本人の場合、暖房は18〜23℃、冷房は28℃に設定することが多く、室外の適温というと18℃前後というのが一般的です。

　ところが、高橋さんの長年の経験によると、外国人旅行者、特に欧米系の人々は日本人より暑がりの場合が非常に多いのだとか（彼らは私たち日本人よりも平均体温が高いのだそうです）。

　確かに、冬なのにTシャツ一枚で元気にしている外国人観光客を見かけますよね。こうした特徴に配慮した室内の温度設定や水などの用意も、外国人客を満足させるポイントです。

109

# Scene 22 ≫ あいさつ②

# こんばんは。

## お客様との会話

よい一日をお過ごしください。
**Have a nice day.**
ヘヴァ・ナイス・ディ

ありがとう。あなたも！
**You, too!**
ユー・トゥー！

## お客様にあいさつする

こんばんは。
**Good evening.**
グッディヴニン g

おはようございます。
**Good morning.**
グッ・モーニン g

こんにちは。
# Hello.
ヘロゥ

✏️ ワンポイントメモ
元気よく言いましょう！

何かお手伝いしましょうか？
# May I help you?
メイ・アイ・ヘウピュー？ ↗

素敵な滞在を。
# Enjoy your stay.
インジョイ・ヨォ・スティ

お水はご自由にどうぞ。
# Help yourself to some water.
ヘウp・ヨォセウフ・トゥ・サm・ワァラー

お迎え／ご案内

応対する

おすすめ

会計

お見送り

免税販売

111

> もうかる
> イングリッシュ
> の極意
> 22

# すれ違うときには
# あいさつを！

**来**店、来館時以外の時間もあいさつは重要です。
たとえ皆さんの仕事内容がフロントなどの直接会話が多い部署でなかったとしても、館内、施設内でお客様とすれ違うとき、**目を合わせて笑顔で一言あいさつを交わす**だけで、お客様にとってとても気持ちの良いものです。

　　**あいさつは時間帯によって使い分けること。**

　また、観光に出かける様子のお客様には、Have a nice day.（ヘヴァ・ナイス・ディ）「よい一日を」、荷物と鍵を持ったチェックインされたばかりの様子のお客様には、Enjoy your stay.（インジョイ・ヨォ・スティ）「素敵な滞在を」と声がけするとスマートですね。

> 接客のプロ
> **高橋さんが教える!**
> ワンポイントアドバイス

## ラウンジで国際交流

　富士箱根ゲストハウスの広間にあるのが、「国際交流ラウンジ」というコーナー。

　ソファ席ではリラックスした雰囲気の中で、宿泊者同士が気楽に会話を楽しんでいます。日本人客が外国人客に折り紙などの日本文化を教えている光景もしばしば見られるとか。

　また、この国際交流ラウンジに水のポットを置いて自由に飲めるようにしてあるのもポイントです。

　高橋さんによると、外国人観光客は日本人以上に水をよく飲む傾向にある一方、蛇口からの水道水には抵抗が強いことから、ポットに入れて安心して飲めるようにしています。

ラウンジで折り鶴体験

お迎え/ご案内

応対する

おすすめ

会計

お見送り

免税販売

113

# Scene 23 ≫ 近隣観光の紹介
## 最もきれいな場所です。

### お客様との会話

**バスの時刻表はありますか?**
**Do you have a bus timetable?**
ドゥー・ユー・ヘヴァ・バス・タイmティボー?

**こちらです。ご自由にどうぞ。**
**Here you are. Take it for free.**
ヒア・ユー・アー　テイキッt・フォー・フゥリー

**どこで(バスを)降りればいいのですか?**
**Where should I get off?**
ウェアー・シュダイ・ゲロフッ?

**(地図を指さしながら)バスはここに止まります。**
**The bus stops here.**
ダ・バス　ストップス・ヒア

## お客様に案内する

最もきれいな場所です。
**The most beautiful place.**
ダ・モゥスt・ビューリフォー・プレイス

このエリアのマップです。
**This is the area map.**
ディス・イz・ダ・エリア・マップ

個人的にはこれがおすすめです。
**I personally recommend this.**
アイ・プァーソナリィ・ゥレコメンd・ディス

この地域で一番有名なところです。
**The most popular site in the area.**
ダ・モゥスt・ポピュラー・サイッ・イン・ダ・エリア

バスツアーはいかがですか？

**How about a bus tour?**

ハゥ・アバウタ・バス・トゥアー？

---

（地図を指さしながら）
ここはこのエリアで見逃せない観光スポットです。

**It's a must see in the area.**

イッツァ・マスッ・スィー・イン・ダ・エリア

---

きれいな夕焼けが見られますよ。

**You can see the beautiful sunset there.**

ユー・キャン・スィー・ダ・ビューリフォゥ・サンセッt・デア

---

営業時間は10時から4時までです。

**It's open from 10 to 4.**

イッツ・オープン・フロm・テン・トゥ・フォー

もうかる
イングリッシュ
の極意
23

# 多言語の観光マップを
# 活用しよう

外国人の個人旅行者（FIT［Foreign Independent Tour］《フォーゥリン・インディペンディンt・トゥアー》と呼ばれます）は、予定を立てずに現地に着いてからどう行動しようか考える人が多いのが特徴。

　観光案内所はもちろん、受け入れ先の**ホテルや旅館の情報を頼りにする人も多い**ので、おすすめの観光地や見どころを日ごろから勉強しておきましょう。

　地域の観光協会は、たいてい英語、もしくは多言語の観光マップを無料で配布しているので、入手しておき、This is the area map. Take it for free.（ディス・イz・ダ・エリア・マップ˅テイキッt・フォー・フゥリー）と声かけしながら渡すといいでしょう。

117

接客のプロ
**高橋さんが教える!**
ワンポイントアドバイス

## 手作りの情報マップ

　外国人観光客から求められることが多い観光マップ。

　高橋さんの富士箱根ゲストハウスでは地域の観光協会が配布しているもののほかに、ハンドメイドで宿周辺の情報マップを作成。ATM、バス停、スーパーマーケット、公衆電話など、旅行者が滞在中に必要とする情報が網羅されているのが特徴です。

　ちなみに、これらのマップ類は求められてからではなく、チェックインと同時に渡しているのもポイント。

　質問されてから答えるのでは会話も難解になりがちなため、事前にツールを準備することでお互いの負担を軽減しています。

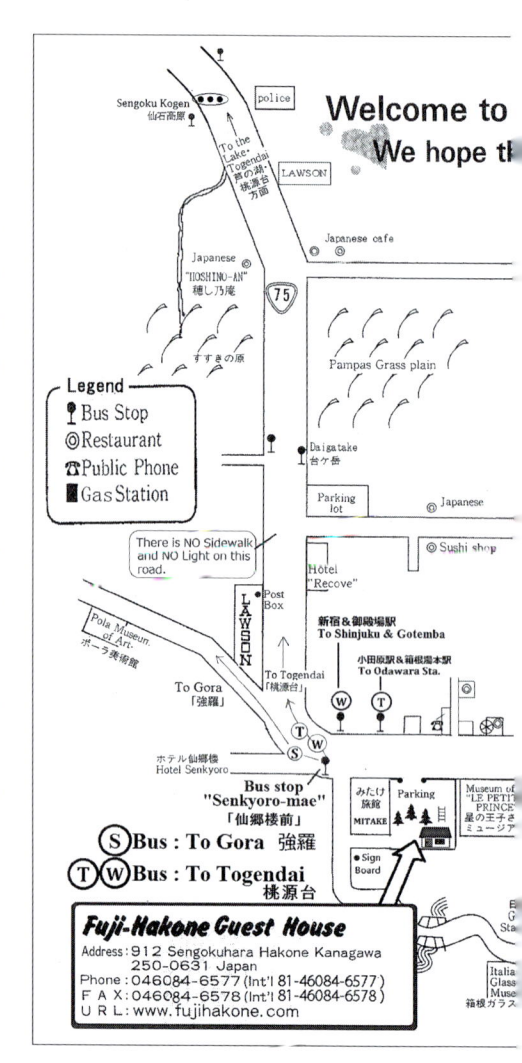

冨士箱根ゲストハウス ローカルマップ

# Scene 24 >> 温泉

# 私たちの温泉は硫黄泉です。

## お客様との会話 track50

温泉はどこですか？
**Where is the Onsen?**
ウエア・イz・ダ・温泉（オンセン）?

⌄

大浴場はこちらです。
**This is our main bathroom.**
ディス・イズ・アワー・メイン・バッス ゥルーム

## お客様に案内する track51

私たちの温泉は硫黄泉です。
**We have sulfur springs.**
ウィ・ヘヴ・サルファー・スプリングス

120

神経痛によく効くそうです。
**It's effective against nerve pain.**
イッツ・イフェクテヴ・アゲインスt・ナーヴ・ペイン

サウナが併設されています。
**We also have a sauna.**
ウィ・オウソー・ヘヴァ・ソーナ

夜10時に男性浴場と女性浴場が入れ替わります。
**We switch men's and women's baths at 10 pm.**
ウィ・スウィッチ・メンz・エン・ウィメンz・バッス　エッ・テン・ピー・エm

入浴する前に体を洗ってください。
**Please wash your body before entering the bathtub.**
プリーz・ワッシュ・ヨォ・バディ・ビフォー・エンタゥリン・ダ・バッスタブ

お迎え／ご案内　応対する　おすすめ　会計　お見送り　免税販売

## もうかるイングリッシュの極意 24

# 温泉のルールを多言語で各部屋に

日本のホテルや温泉には「男湯・女湯」「温泉の浴槽にタオルを入れてはいけない」など、**日本ならではのルール**があります。

それらの案内は日本語のみで表示されていることが多く、チェックインの際にフロントですべて説明することは大変難しく、他のお客様にもご迷惑になります。

そこで、各部屋にご案内をわかりやすく多言語で準備して目につきやすいところに置いておき、お客さんご自身に読んでもらうといいでしょう。

また、のれんに「男」「女」とだけ書いてあっても外国人観光客にはまったく違いがわかりません。

**menやwomen、簡単なイラストなどで表記し**、外国人観光客が恥ずかしい思いをしないような配慮をしたいものです。

> 英語のプロ
> 櫻井さんが教える！
> ワンポイントアドバイス

## 温泉の効能をアピール

　外国人にとってお風呂は「きれいにするところ」。でも、せっかく温泉が豊富な日本に来ていただいたのですから、効能やリラックス効果を伝えてあげたいものですね。

　きれいにするためだけでなく、体に良いと知ってもらえればより満足度が上がるでしょう。

　特に、アジア諸国のお客様は「健康」や「美容」に対して敏感なので、「湯治」や「治癒」などをアピールし、連泊してもらえるプランを開発することも有効です。

　効能の英語での表現を次のページにまとめましたので、皆さんの施設でも参考にしてみてください。

123

# 「温泉の効能」を英語で伝える

出典：温泉ソムリエテキスト（温泉ソムリエ協会）(http://www.onsen-s.com/)

| 適応症／泉質 Effective for / Elements | 単純温泉 Simple Spring | 塩類泉 Salt Spring ||| 
|---|---|---|---|---|
| | | 塩化物泉 Chloride Spring | 炭酸水素塩泉 Hydrogen Carbonate Spring | 硫酸塩泉 Sulfate Spring |
| **一般適応症 General** 神経痛 Nerve pain | ○ | ○ | ○ | ○ |
| 筋肉痛 Muscular pain | ○ | ○ | ○ | ○ |
| 関節痛 Joint pain | ○ | ○ | ○ | ○ |
| 五十肩 Stiff shoulders | ○ | ○ | ○ | ○ |
| 運動麻痺 Motor paralysis | ○ | ○ | ○ | ○ |
| 関節のこわばり Stiff joints | ○ | ○ | ○ | ○ |
| うちみ Contusion | ○ | ○ | ○ | ○ |
| くじき Twisted joint | ○ | ○ | ○ | ○ |
| 慢性消化器病 Chronic digestive diseases | ○ | ○ 飲 Drink | ○ 飲 Drink | ○ (飲) (Drink) |
| 痔疾 Hemorrhoid | | ○ (飲) (Drink) | ○ | ○ (飲) (Drink) |
| 冷え性 Excessive sensitivity to cold | ○ | ○ | ○ | ○ |
| 病後回復期 Recovery from illness | ○ | ○ | ○ | ○ (飲) (Drink) |
| 健康増進 Health enhancement | ○ | ○ | ○ | ○ |
| **泉質別適応症 Specific** 切り傷 Skin cut | △ | ○ | ○ | ○ |
| 火傷 Burn injury | △ | ○ | ○ | ○ |
| 慢性皮膚病 Chronic skin diseases | △ | ○ | | ○ |
| 虚弱児童 Physically weak child | △ | ○ | | |
| 慢性婦人病 Chronic female disorders | △ | ○ | | △ (飲) (Drink) |
| 慢性便秘 Chronic constipation | △ | △ 飲 Drink | | △ 飲 Drink |
| 糖尿病 Diabetes | △ | | △ 飲 Drink | △ 飲 Drink |
| 痛風 Gout | | | △ 飲 Drink | △ 飲 Drink |
| 肝臓病 Liver complaint | △ | | △ 飲 Drink | △ (飲) (Drink) |
| 動脈硬化症 Arteriosclerosis | △ | | | ○ (飲) (Drink) |
| 慢性胆のう炎 Chronic Cholecystitis | △ | | △ | △ 飲 Drink |
| 胆石症 Cholelithiasis | △ | | △ | △ 飲 Drink |
| 肥満症 Obesity | △ | △ | △ | △ 飲 Drink |
| 高血圧症 Hypertension | △ | | | △ (飲) (Drink) |
| 月経障害 Menstruation disorder | △ | △ | | △ (飲) (Drink) |
| 貧血 Anemia | | △ (飲) (Drink) | | |
| 美肌の湯 Cosmetic purpose (for skin) | pH7.5以上 Above pH7.5 | | ○ | ○ |
| 効能／泉質 Effective for / Elements | 単純泉 Simple Spring | 塩化物泉 Chloride Spring | 炭酸水素塩泉 Hydrogen Carbonate Spring | 硫酸塩泉 Sulfate Spring |

○＝浴用の効能高い　　　　△＝浴用の効能あり　　　　飲＝飲泉の効能が高い
High effect from bathing　　Normal effect from bathing　　Drink: High effect from drinking the hot spring water

※ 各温泉には下記のような「飲泉」による効能が認められておりますが、保健所による「飲用」の許可をされていない場合が多いのでご注意ください。
*Although the effects from "drinking the hot spring water" have been approved as below, quite a few places have not obtained the permission from the public health center to serve the hot spring water for a drink. Please follow instructions from hot spring facilities and public health centers.

| 特殊成分を含む療養泉 Therapeutic Spring including Special Components ||||| 
|---|---|---|---|---|
| 二酸化炭素泉<br>Carbon Dioxide Spring | 含鉄泉<br>Ferruginous Spring | 硫黄泉<br>Sulfur Spring | 酸性泉<br>Acidic Spring | 放射能泉<br>Radioactive Spring |
| ○ | ○ | ○ | ○ | ○ 飲  Drink |
| ○ | ○ | ○ | ○ | ○ 飲  Drink |
| ○ | ○ | ○ | ○ | ○ 飲  Drink |
| ○ | ○ | ○ | ○ | ○ |
| ○ | ○ | ○ | ○ | ○ |
| ○ | ○ | ○ | ○ | ○ |
| ○ | ○ | ○ | ○ | ○ |
| ○ 飲  Drink | ○ (飲) (Drink) | ○ (飲) (Drink) | ○ 飲  Drink | ○ 飲  Drink |
| ○ (飲) (Drink) | ○ (飲) (Drink) | ○ (飲) (Drink) | ○ | ○ (飲) (Drink) |
| ○ | ○ | ○ | ○ | ○ |
| ○ | ○ | ○ | ○ | ○ |
| ○ | ○ | ○ | ○ | ○ |
| ○ | | ○ | △ | |
| ○ | | | | |
| | △ | ○ | ○ | ○ |
| | | ○ | △ | ○ |
| △ 飲  Drink | | △ 飲  Drink | △ (飲) (Drink) | △ (飲) (Drink) |
| | ○ 飲  Drink | △ | △ (飲) (Drink) | |
| | | △ 飲  Drink | | ○ 飲  Drink |
| | | | | △ (飲) (Drink) |
| ○ | | ○ | | ○ |
| | | | | ○ 飲  Drink |
| | | | | ○ 飲  Drink |
| △ | △ | △ (飲) (Drink) | △ | △ |
| ○ | | ○ | | ○ |
| | ○ | △ | | |
| | △ 飲  Drink | | △ (飲) (Drink) | |
| | | ○ | | |
| 二酸化炭素泉<br>Carbon Dioxide Spring | 含鉄泉<br>Ferruginous Spring | 硫黄泉<br>Sulfur Spring | 酸性泉<br>Acidic Spring | 放射能泉<br>Radioactive Spring |

(飲) ＝ 飲泉の効能あり
(Drink): Normal effect from drinking the hot spring water

# Scene 25 ≫ できるとできない①
# 少々お待ちいただけますか？

## お客様との会話　track52

駅にはどうやって行けばいいですか？
**How can I get to the station?**
ハウ・キャナイ・ゲットゥー・ダ・スティション？

歩いて5分ほどです。
**5 minutes' walk.**
ファイヴ・ミニッ・ウォーk

## Canを使ってお客様に伝える　track53

少しなら英語を話すことができます。
**I can speak a little English.**
アイ・キャン・スピーk・ア・リロー・イングリッシュ

駅までお連れします。
## We can take you to the station.
ウィー・キャン・テイキュー・トゥ・ダ・ステーション

少々お待ちいただけますか?
## Can you wait a minute?
キャニュー・ウェイタ・ミニッ? ↗

この無料チケットが使えます。
## You can use this free coupon.
ユー・キャン・ユーz・ディス・フゥリー・クーポン

ここではWi-Fiが無料で使えます。
## You can use free Wi-Fi here.
ユー・キャン・ユーz・フゥリー・ワイファイ・ヒア

お迎え／ご案内 | 応対する | おすすめ | 会計 | お見送り | 免税販売

127

### もうかる イングリッシュ の極意 25

# Canはやわらかく発音しよう

Canとcan'tはご存じのとおり「できる」と「できない」という意味ですが、実は接客英語を習得する上で、**この2つの言葉をきちんと区別して発音すること**が非常に重要です。

まず、「can＝キャン」は、You canが（ユー・キャン）、I canは（アイ・キャン）と発音します。

Canというと、オバマ大統領の演説にあったYes, we can.（イエス・ウィ・キャン）というフレーズが有名ですが、オバマ大統領のように**canを強く発音すると、強い主張や意見**になります。普段はやわらかく発音しましょう。

**中村好明が教える！**
インバウンド豆知識

## Wi-Fiを整備して世界中に発信！

　これからの日本で必ず必要となってくるのが、Wi-Fi（ワイファイ）です。

　これは無線でネットワークに接続する技術のことで、Wi-Fiが整備されている場所ではインターネットを使うことができます。

　私たちが海外旅行をするときと同じで、外国人旅行者が日本に来たときも普段自国で使っている携帯電話はほとんど使えません。そこで、旅先で情報を得たいときに活躍するのがWi-Fi。Wi-Fiがある場所ではインターネットはもちろん、LINE（ライン）などのアプリを活用して電話をすることもできます。

　さらに、外国人観光客はSNS（ソーシャルネットワーキングサービス）を通じて今自分が食べているものや、今いる場所をインターネット上に発信しています。

　つまり、私たちに代わって世界中にあなたのお店を紹介してくれているツールとも言えるのです。

# Scene 26 ≫ できるとできない②

## ここで喫煙はできません。

### お客様との会話

**Wi-Fiのネットワークが見つかりません。**
I can't find
the Wi-Fi network.
アイ・キャーンツ・ファインd・
ダ・ワイファイ・ネッワーk

**パスワードはこちらですよ。**
Here is the password.
ヒアゥリz・ダ・パスワーd

**どれどれ見せてください。**
Let me see.
レッミシィー

✏️ ワンポイントメモ
お客様のパソコンや携帯をお借りして操作します。

## Can'tを使ってお客様に伝える

ここで喫煙はできません。
**You can't smoke here.**
ユー・キャーンツ・スモーk・ヒア

申し訳ありません。英語を話せません。
**Sorry, I can't speak English.**
ソーリィ　アイ・キャーンツ・スピーk・イングリッシュ

3時より前にチェックインはできません。
**You can't check in before 3.**
ユー・キャーンツ・チェッキン・ビフォー・チュリー

> もうかる
> イングリッシュ
> の極意
> 26

# 「～できません」は
# don'tよりcan't

**前**の項目では、canの発音について紹介しました。一方、「can't＝キャーンツ」は、You can't（ユーキャーンツ）。「キャーン」は（ン）に向けて強く発音し、最後が（ツ）で終わるように、息を止めます。

Canとは反対に **can'tは強調して発音し、「～できません」という意思が伝わる** ようにします。

ちなみに、「～しないでください」「～できません」と伝えたいとき、don'tを思い浮かべる方も多いのではないでしょうか。

ただ、**don'tは強すぎる表現**のため、失礼にあたってしまう可能性もあります。

don'tより丁寧なcan'tを使うようにしましょう。

**中村好明が教える!**
インバウンド豆知識

いつもハートは燃えてるよ!!

## ホテルや旅館でも免税!?

　2014年10月から始まった消費税の新免税制度。本書のScene 32でも詳しく紹介していますが、実はホテルや旅館でも免税になることを皆さんはご存じでしょうか。

　そんなことを書くと、皆さんから「免税の対象は物販でしょう。ホテルや旅館での宿泊、食事などのサービスは無形だから駄目でしょう」と怒られそうです。

　でも、ホテルや旅館であっても、たとえば併設の売店で免税免許を取得すれば、宿で人気の日本酒セット、シャンプーなどの販売は免税になるのです（1日のお買い上げ合計金額が5,001円以上の場合）。

　それゆえ、お酒や銘菓の詰め合わせで免税対象となる5,001円のセットを用意するのもお勧めです。

　つまり、インバウンドは、発想の転換をすることで、ビジネスチャンスがどんどん広がるのです。

133

## Scene 27 >> トラブル
# お風呂の栓を抜かないでください。

### お客様との会話

トイレが流れません。
**The toilet doesn't work.**
ダ・トイレッt・ダズン・ワーk

すぐお伺いします。
**I'm coming.**
アイm・カミン

### お客様への対応

お風呂の栓を抜かないでください。
**Please don't unplug the tub.**
プリーz・ドンッ・アンプラg・ダ・タブ

申し訳ありません。
**I'm very sorry.**
アイm・ヴェゥリー・ソーゥリィ

お客様のカードはご利用できないようです。
## We don't take that card.
ウィー・ドンッ・ティk・ダッ・カーd

### お客様がトラブルを訴える

薬局はありますか？
## Is there a drug store around here?
イz・デア・ア・ジュラッgストー・アラウンd・ヒア？ ↗

発疹が出ました。
## I've got a rash.
アイヴ・ガラ・ゥラッシュ

財布をなくしました。
## I lost my wallet.
アイ・ロスッ・マイ・ウォレッt

お迎え／ご案内 | 応対する | おすすめ | 会計 | お見送り | 免税販売

## 禁止事項はイラストで表現

**もうかるイングリッシュの極意 27**

文化の違いがある以上、外国人観光客とのトラブルはつきもの。そこで、事前に工夫しておきたいのが、禁止事項を口頭や文字で羅列するのではなく、**イラストなどでわかりやすく表現**しておくこと。

例えば、都内でバケイションレンタル（オーナーが部屋を使用しない期間、物件を貸すサービス）を営むアメリカ人ホストの悩みは、蚊のシーズンにも宿泊客が窓を開けっ放しにしていることだそうです。Please do not open the window.（プリーz・ドゥ・ノッ・オープン・ダ・ウィンドゥ）「窓を開けないで」と書いてもなかなか改まらなかったそうですが、文字の横に蚊を描いて「×」をつけたイラストを出すようにしてからは、実際、トラブルが一気に収まったそうです。

**何がトラブルの原因なのか、訪日客の皆さんに明確に説明する**必要があることがわかる例ですね。

> 中村好明が教える!
> インバウンド豆知識

いつもハートは燃えてるよ!!

## 緊急時の接客対応

　外国人観光客が増えていくにあたって、何よりも私たちがきちんと用意しておかなければならないのが、まさかの事態のおもてなしです。

　たとえば、ドン・キホーテでは、災害対応のマニュアル策定に加え、オフラインで使える多言語アプリにも緊急時の接客コンテンツを作成しています。東日本大震災の教訓から、最低限必要な状況への対応を新たに盛り込んだのです。

　また、フリーWi-Fiの店舗への導入も進めています。通信インフラは口コミや顧客の利便性を高めるだけでなく、外国人観光客にとってもうひとつのライフラインだと思います。

　「まさかのときの友達こそ真の友達」とも言います。まさに「備えあれば憂いなし」なのです。

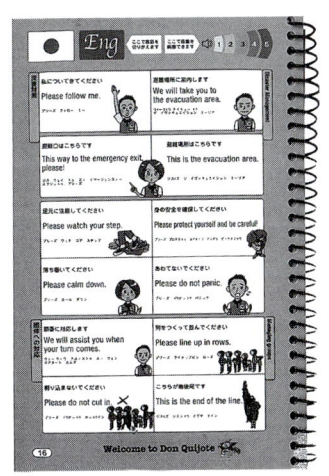

ドン・キホーテの緊急時の接客コンテンツ。「私についてきてください」「避難口はこちらです」などのフレーズが載っている。

お迎え/ご案内　応対する　おすすめ　会計　お見送り　免税販売

## Scene 28 » 会計①

# 金額はこちらです。

### お客様との会話

会計をお願いします。
**Bill, please.**
ビゥ・プリーz

📝 ワンポイントメモ
Check please.（チェック・プリーz）もよく使われます。

金額はこちらです。
**That'll be this.**
ダウビー・ディス

## お客様への対応

割り勘にされますか？
**Separate?**
セパゥレイッ？↗

おつりでございます。
**Here is your change.**
ヒアゥリz・ヨォ・チェィンジ

（支払いは）現金のみで承っています。
**Cash only.**
キャッシュ・オンリー

もうかる
イングリッシュ
の極意
28

# 金額を指差して「ダウビー・ディス」

**お**食事が終わり、お帰りになる際に「お会計をお願いします」と言われるときに予想されるのは、Check please.（チェック・プリーz）、Bill please.（ビゥ・プリーz）。
**どちらかが聞こえたらお会計をしたい**のだと察しましょう。

また、日本円は桁（けた）が大きく、英語で言おうとすると言い間違いや聞き間違いの原因に。そこで、**レジや計算機を使って、金額を指差して**That'll be this.（ダウビー・ディス）と言えばそれでOK。

また、私たちもそうですが、「割り勘」をしたい方も多いはず。そこでSeparate?（セパゥレイッ？）「割り勘にされますか？」と聞いてあげてもよいでしょう。

**中村好明が教える！**
インバウンド豆知識

## 世界の国々の おもてなしを知る／欧米編

- 欧米の人々の買い物は、お金のあるなしにかかわらず、それが日本人にとっては安いモノであっても自分にとって価値があるかどうかを吟味します。

- 日本のポップカルチャー、日本食、伝統文化・歴史、ナイトライフ、体験に高い関心を持っています。

- 年代、建物の高さなどの数字、あるいは食品の原材料などを詳しく知りたがる傾向が。簡単な説明書きなどがあると喜ばれます。

## Scene 29 >> 会計②
# 現金ですか、それともクレジットカードですか?

### お客様との会話

このお店ではこの○○クレジットカードは使えますか。

**Do you take ○○?**

ドゥー・ユー・テイk・○○?

---

お客様のカードはご利用できないようです。

**We don't take that card.**

ウィー・ドンッ・ティk・ダッ・カーd

### お客様への対応

現金ですか、それともクレジットカードですか?

**Cash or credit card?**

キャッシュ オー・クゥレディッカーd?

お支払いはレジでお願いします。
**Please pay at the cashier.**
プリーz・ペイ・アッダ・キャシア

列に並んでお待ちください。
**Please wait in line.**
プリーz・ウェイティン・ライン

次にお待ちのお客様、こちらのレジへどうぞ。
**Next, please.**
ネクスt・プリーz

こちらにサインをお願いします。
**Sign here, please.**
サイン・ヒア・プリーz

## もうかるイングリッシュの極意 29

# 支払い回数は聞かない方がいい

　会計時に最初に聞きたいのが、Cash or credit card?（キャッシュ・オー・クゥレディッカーd？）「現金ですか？　クレジットカードですか？」ということ。

　クレジットカードの場合、日本では支払い回数を聞きますが、**海外では1回払いが基本**。支払い回数を聞くと逆に混乱させてしまうことがあるので、質問しない方がいいでしょう。

　ここでもやはり、金額の言い間違いや聞き間違いを防ぐために、レジや計算機を使って、金額を指差してThat'll be this.（ダウビー・ディス）と言います。

　また、Do you take ○○？（ドゥー・ユー・テイk・○○？ ↗）「これは使えますか？」と聞いてくる方もいます。

　これは「あなたのお店ではこの○○クレジットカードは使えますか？」という質問。**YesかNoで簡潔にお答えしましょう。**

　クレジットカードが使用不可の場合、We don't take that card.（ウィー・ドンッ・ティk・ダッ・カーd）「お客様のカードはご利用できないようです」と答えることもできます。

144

## 中村好明が教える！
### インバウンド豆知識

いつもハートは燃えてるよ!!

# 世界の国々のおもてなしを知る／台湾編

　2014年の1年間に最も多く日本を訪れた人の国・地域がどこだか皆さんはご存じですか？　それは台湾です。それまで1位だった韓国を抜いて初めてトップになりました。

- 「メイド・イン・ジャパン」に厚い信頼を寄せている台湾の人々。日本のファッションやブランドなどの高級品、電化製品などが人気です。

- 日本のこと、日本語を非常によく勉強して訪日する人が多いのも特徴。ツアー客だけでなく、個人旅行者も増えています。

- 台湾では、料理、旅など日本のテレビ番組が複数放送されており、さまざまな情報がリアルタイムで入手されています。

すばらし〜い　日本製最高　うふふ

# Scene 30 ≫ チェックアウト

## 冷蔵庫の中のものを飲まれましたか？

### お客様との会話

> チェックアウトをお願いします。
> **Check out, please.**
> チェッk・アゥッ・プリーz

> 冷蔵庫の中のものを飲まれましたか？
> **Consumed anything in the fridge?**
> コンスーmd・エニティン・イン・ダ・フゥリッジ？↗

> はい。
> **Yes.**
> ィエス

それは何ですか?
## What is it?
ワリズィッt?

ビール1本です。
## One bottle of beer.
ワン・ボロー・オヴ・ビアー

### お客様への対応

現金ですか、それともクレジットカードですか?
## Cash or credit card?
キャッシュ　オー・クゥレディッカーd?

金額はこちらでございます。
## That'll be this.
ダウビー・ディス

147

サインをお願いします。
# Sign here, please.
サイン・ヒア・プリーz

料金には消費税8%が含まれています。
# It includes 8% consumption tax.
イッ・インクルーz・エイッ・パーセンt・コンサンプション・テァックス

領収書でございます。
# Here is your receipt.
ヒアゥリz・ヨォ・ゥレスィーt

## 最後は笑顔で送り出す

もうかるイングリッシュの極意 30

お客様が部屋の鍵を持って、チェックアウトのためにフロントにやってきます。

Check out, please.（チェック・アゥッ・プリーz）と言われたら、Consumed anything in the fridge?（コンスーmd・エニティン・イン・ダ・フゥリッジ？⤴）「冷蔵庫の中のものを消費しましたか？」と質問しましょう。

Yesと答えたらWhat is it?（ワリズィッt？）「それは何ですか？」と確認し、そして会計です。

Scene 28で紹介したフレーズと同じ、That'll be this.（ダウビー・ディス）「金額はこちらです」と、**計算機やレジを使って示してあげればOK**です。

最後は**笑顔**であいさつし、送り出せるといいですね。

また、せっかく遠くからお越しいただいたのですから、地元の神社のお守り、折り紙など**ちょっとしたギフトをお土産に用意**しておくと大変喜ばれ、満足度の向上にもつながります。

接客のプロ
**高橋さんが教える!**
ワンポイントアドバイス

## 「前払い方式」になります

　高橋さんが営む富士箱根ゲストハウスの会計はチェックアウト時ではなく、チェックイン時。このように、前払い方式の民宿やビジネスホテルも少なくありません。

　その場合、高橋さんが使っているフレーズが、Payment first, please.（ペイメンt・ファースt・プリーz）「支払いは最初にお願いします」です。ホームページや予約時のメールなどで事前に案内しておくのもいいですね。

　また、最近は現金ではなくクレジットカードで支払う人が増えていますが、クレジットカードは施設側にとって手数料がかかります。

　そこで、廉価な宿泊料でおもてなしするために、同ゲストハウスが工夫しているのが、税金分だけは現金払いにしてもらうこと。Tax in cash, please.（テァックス・イン・キャッシュ・プリーz）「税金は現金でお願いします」というフレーズを使っているそうです。

# Column 5 インバウンドと英語

### 受験英語はやめよう

　2020年の東京オリンピック・パラリンピック開催を控え、訪日外国人がさらに増えていくのは間違いありません。でも、皆さんが実感されているように、これまで大きく立ちはだかってきたのが「言葉の壁」です。日本人の英語能力は、アジア各国と比べても決して高いものとは言えませんでしたが、第三の開国の今こそ、外国人を日本に受け入れるための英語を学んでいく時期なのです。

　今、日本の子どもたちに対する英語教育はどんどん変わってきています。

　2011年度から小学校の学習指導要領が改定され、公立の小学校5年生から週1コマの外国語活動（教科外）が必修となりました。さらに、2020年からは小学校3年生から外国語活動（教科外）が必修となり、小学校5年生からは「英語」が正式教科になります。

　今の子どもたちは、生まれたときからインターネットやパソコンやスマホがある生活の中で育ってきたデジタルネイティブ世代と言われていますが、同じように世界で対等に活躍できるイングリッシュネイティブに近い子どもたちも増えてくるでしょう。ところが、受験英語にとらわれすぎたために、英語でのコミュニケーションに対してネガティブになっているのが私たち大人世代です。

　実は外国語が中学校の必修科目となったのは2002年（平成14年）から。つまり、戦後の義務教育では中学校のほとんどすべてが選択科目として英語をカリキュラムに取り入れていましたが、あくまで受験のための英語というスタンスだったのです。観光立国を目指すこれからの日本は、外国語によるコミュニケーション能力を全国民が基本的に身につけるべきものとなります。

　本書をきっかけに簡単な英語からスタートし、自信を持って笑顔で対応してブラッシュアップしていってください。

# Scene 31 » お見送り

# ありがとうございます。

## お客様との会話

とてもいいところで気に入りました。
**We liked it here very much.**
ウィ・ライキッt・ヒア・ヴェゥリー・マッチ

それは光栄です。
**It's our pleasure.**
イッツ・アワー・プレジャー

## お客様を見送る

ありがとうございます。
**Thank you very much.**
テンキュー・ヴェゥリー・マッチ

よいご旅行を！
**Have a nice trip!**
ヘヴァ・ナイス・チュリッp

よい旅をお楽しみください。
**Have a nice trip Ma'am ／ Sir.**
ヘヴァ・ナイス・チュリッp・
メェーm／スァー

どうぞお気をつけて。
**Take care.**
テイッ・ケア

また、ぜひお越しください。
**Please come again.**
プリーz・カマゲン

**もうかる イングリッシュ の極意 31**

# Sir/Ma'amで かしこまった表現に

　**お**見送りは、やはりThank you very much.（テンキュー・ヴェゥリー・マッチ）「ありがとうございます」と感謝の気持ちを込めて送り出すのがベスト。

　ただし、本書で紹介する英文は、他の英会話本に比べて短いため、カジュアルすぎてお客様に失礼にならないかと心配される方もいらっしゃると思います。

　基本的にはまったく問題ありませんが、もしあなたの店や施設が比較的格式が高く、気になるようであれば、SirとMa'amを加えることで、**簡単な短文のままでよりかしこまった表現にする**ことができます。男性にはSir（スァー。口をほとんど開けないで発音します）、女性にはMa'am（メェーm）を最後につけます。

例）
- Any drink sir?（エニィ・ジュリンク・スァー？）
- Have a nice trip Ma'am.（ヘヴァ・ナイス・チュリッp・メェーm）

　ただし、**毎回つけ加えると過剰になる**ので気をつけましょう。

> ドンキの現場より！
> ワンポイントアドバイス

## Closed（しまっている状態）とClose（近い状態）

　閉店後、店先に「CLOSE」（クロゥズ）という札を掲げているお店をよく見かけます。

　おそらく「閉店」という意味で掲げているのだと思いますが、実はこれは大きな間違い。

　閉店の正しい英語はCLOSED。本来、We are closed.（ウィ・アー・クロゥズd）（私たちのお店は閉店中です）という文を縮めてCLOSEDとしているのです。

　We are close.は「私たちは近い」という意味になりCLOSE（クロゥス）＝「近い」というおかしな意味になってしまうので注意しましょう。もちろん、ドン・キホーテでは「Closed」という表記を使っていますよ。

## Scene 32 >> 免税販売

# これは免税になりますか？

### お客様との会話 — track67

これは免税になりますか？
**Can you make it tax free?**
キャニュー・メイキッt・テァックス・フゥリー？

### お客様への対応 — track68

もちろんです！
**Sure !**
ショオア

サインをお願いします。
**Sign here, please.**
サイン・ヒア・プリーz

免税の返金は現金のみです。

**Refund is only in cash.**

ゥリーファンd・イz・オンリー・イン・キャッシュ

パスポートをお願いします。

**Passport, please.**

ペァスポーt・プリーz

消耗品のみ免税対象です。

**Only consumable items are tax free.**

オンリー・コンスーマボー・アイレmサー・テァックス・フゥリー

免税後の会計はこちらです。

**With tax reduction, that'll be this.**

ウィd・テァックス・ゥリダクション　ダウビー・ディス

すでに免税手続き済みです。
## We didn't charge you tax.
ウィ・ディドゥンt・チャージ・ユー・テァックス

書類はこれだけですよ！
ここにサインするだけで8％オフです。
## This is the only paperwork. Just sign here, and you can save 8% tax right here.
ディス・イz・ダ・オンリー・ペィパーワーk
ジャスt・サイン・ヒア　エン・ユー・キャン・
セイヴ・エイt・パーセンt・テァックス・ゥライt・ヒア

空港でなにもする必要がないんですよ。
## You don't have to do anything special at the airport.
ユー・ドンッ・ハフトゥー・ドゥー・エニティンg・
スペショー・アッダ・エアポーt

> もうかる
> イングリッシュ
> の極意
> 32

# 新しい免税制度とは？

**新**しい免税制度では、免税対象が**以前は対象外だった消耗品にも範囲が広がりました**。これで期待されるのが地域活性化です。

　なぜかというと、従来の免税対象だった家電やスーパーブランドは、品ぞろえに優れ、価格競争力が高い大都市圏にニーズが集中していました。

　一方、今後は日本国内のあらゆる地域、道の駅をはじめ、地方の商業者が新たに加わった地元の農林水産物、そのほか銘菓などの食品、地酒などを、日本の**おみやげとして売り込む大きなビジネスチャンス**が生まれることになるからです。

　繰り返しになりますが、英語表現の前に、今一度自分の店の品ぞろえを見直してみてください。

　また、外国人から多いのが、「免税になっているか？」という質問。免税の払い戻し方式は国によって、出国時の政府機関による還付、最終出国地の税関のスタンプを証拠に事業者が払い戻すなど複数あります。

　こうした中、日本は物品の販売を行った段階でその場で免除するという他国に例のない性善説に基づいた方式を採用しています。

　免税後は We didn't charge you tax.（ウィ・ディドゥンt・チャージ・ユー・ティァックス）「すでに手続き済みです」とスマートに案内しましょう。

お迎え／ご案内　応対する　おすすめ　会計　お見送り　免税販売

159

一方、店舗側が外国人客に「免税手続きをしましょうか？」とレジでたずねても、「面倒だからいいよ。普通に払います」と嫌がる人も少なからずいるよう。

　そんなときは少し長い表現になりますが、「書類はこれだけですよ！ここにサインするだけで8％オフです」This is the only paper work. Just sign here, and you can save 8% tax right here.（ディス・イz・ダ・オンリー・ペィパー・ワークˇジャスt・サイン・ヒア・エン・ユー・キャン・セイヴ・エイt・パーセンt・テァックス・ゥライt・ヒア）、「空港でなにもする必要がないんですよ」、You don't have to do anything special at the airport.（ユー・ドンッ・ハフトゥー・ドゥー・エニティンg・スペショー・アッダ・エアポーt）と伝えてみてください。

**中村好明が教える!**
インバウンド豆知識

# 全品免税はこれだけ覚えよう

### どんな制度なの?

　日本が訪日外国人客2000万人を目指す中、2020年に開催される東京オリンピック・パラリンピックとともに消費拡大に大きな期待が集まっているのが、2014年10月1日から始まった、外国人観光客への「全品免税」制度です。

　具体的には、これまでも外国人観光客は家電や宝飾などを日本で購入すると消費税分が免除されていましたが、新しく食品・飲料類・化粧品などの消耗品を含む全品が免税になりました。

　消費税が5%から8%に上がり、今後さらに10%への引き上げも予定されている中、この全品免税制度が外国人観光客にとって大きな魅力になっていくのは間違いありません。

### 免税対象品目の拡大
**2014年9月まで**

| | |
|---|---|
| 免税対象 | ●一般物品 (General items) ＝消耗品以外の物品 |
| 免税対象外 | ●消耗品 (Consumable items) ＝食品類、飲料類、薬品類、化粧品類ほか |
| | ●レストランでの食事、サービス料や修理代など形がなく、持ち出すことができないもの |

161

### 2014年10月から

**免税対象**＝原則すべての物品

**既存の免税対象物品**
●一般物品(General items)＝消耗品以外の物品

**新規の免税対象物品**
●消耗品(Consumable items)＝食品類、飲料類、薬品類、化粧品類ほか

最低購入金額
（同じ日に同じ店舗で1人当たり）
●一般物品合算 10,001円

最低購入金額
（同じ日に同じ店舗で1人当たり）
●消耗品合算 5,001円

※消耗品と一般物品の合算はできない。
※50万円を超える消耗品は免税できない。
※100万円を超える一般物品の場合はパスポートの写しなどを保管。
※事業用または販売用として購入することが明らかな物品は免税販売対象外。
※酒の販売には「酒類販売免許」、たばこの販売には「たばこ小売販売業の許可」が必要。

**免税対象外** ●レストランでの食事、サービス料や修理代など形がなく、持ち出すことができないもの

### どうやったら免税で販売できるの？

Japan. Tax-free Shop

皆さんも街なかでこのようなマークを目にしたことはないでしょうか？　これ

は観光庁が提供している免税店のシンボルマークです。

　免税販売をできるのは免税免許を取得した免税店 Tax Free Shop（ティックス・フゥリー・ショッp）のみ。免税店になるためには、納税地の所轄税務署に届け出を出して、審査を受けることで、許可が得られます。

　免税免許を取得するのは決して難しくなく、下記の国税庁のホームページから申請書をダウンロードすることができ、費用は無料です。

http://www.nta.go.jp/tetsuzuki/shinkoku/shotoku/tebiki2006/nta/yousiki/syouhi/pdf/23120017-2.pdf

### 2015年4月1日より、免税制度がさらに充実

　2014年10月にスタートした全品免税に続き、15年4月1日からさらに制度が拡充され、**一括カウンターの設置が認められること**になりました。

　どういうことかというと、第三者に免税販売手続きを委託することで、商店街などに専用のカウンターを設置できるようになったということ。

　たとえば、商店街や物産センター、ショッピングセンター内の店舗は、組合やデベロッパー、免税手続きサービス会社が運営するカウンターに手続きを委託することで、煩雑な手続きや外国語対応の必要がなくなります。

　カウンターでは店舗を超えて購入金額を合算することができるため、今後は免税店の出店が遅れている地方の商店街などでも、免税店の増加が期待されます。

　また、外国人観光客に人気の外航クルーズ船の寄港時に埠頭に免税店を臨時出店する際の手続きも簡素化されました。

## 複数の意味を持つ動詞

もうかるイングリッシュ初心者にとって、最も分かりにくいのは、ひとつの単語なのに複数の意味を持つ動詞ではないでしょうか。そこで、ここでは、よく使われる単語の簡単な例文をご紹介。これだけ押さえておくだけでも、明日からの接客に役立ちます。

## take

- take a rest（ひと休みする）テイカ・ゥレスt
- Take your time.（急がないでゆっくりどうぞ）テイキョー・ッァイm
- Can I take it?（これいただけますか?）キャナイ・テイキッt?↗
- take a picture（写真を撮る）テイカァ・ピクチュア
- take medicine（薬を飲む）テイk・メディスン
- How long does it take?（所要時間はどのぐらいですか?）ハウ・ローン・ダズ・イッ・テイk?
- Take care.（[別れ際のあいさつとして] お気をつけて）テイk・ケア

## like

- I like your dress.（あなたのワンピースが好きです[素敵ですね]）アイ・ライキョー・ジュレス
- How do you like it?（気に入りましたか?）ハウ・ドゥー・ユー・ライキッt?
- Would you like some coffee?（コーヒーはいかがですか?）ウッジュー・ライk・サm・カゥフィー?↗
- It's like a...（〜のようなものだね）イッツ・ライカ
  例）What's it like?（それはどんな感じですか?）ワッツ・イッ・ライk?
- I would like to...（〜したいです）アイ・ウッd・ライk・トゥー
  例）I would like to go to Tokyo.（東京に行きたいです）アイ・ウッd・ライk・トゥー・ゴー・トゥー・ッオキョー

# get
- get on（乗る）ゲロンッ
- get to（〜に行く）ゲットゥー
  例）How can I get to the station?（駅にはどうやって行けばいいですか?）ハウ・キャナイ・ゲットゥー・ダ・スティション?
- Where can I get a taxi?（タクシーはどこでつかまえられますか?）ウェア・キャナイ・ゲラ・テァクスィ?

# be
- I'll be back in 5 minutes（5分以内に戻ります）アイウ・ビー・ベッキン・ファイ・ミニッt
- Be careful.（気をつけてね）ビー・ケアフォゥ

# let
- Let me check the stock（在庫を調べさせてください［調べます］）レッミー・チェッk・ダ・ストッk
- Let me know where you are staying.（あなたの宿泊先を教えてください）レッミー・ノウ・ウェア・ユー・アー・ステイン

# mind
Don't mind＝ドンマイは日本で「大丈夫、心配しないで」という励ましの意味で使われていますが、実際の英語では I don't mind（アイ・ドンッ・マインd）＝構いません。結構ですよ。という意味なので全然違う意味合いになります。「大丈夫、心配しないで」と言いたければ Never mind（ネバ・マインd）が正解です。
- Mind the gap.（隙間に注意）マインd・ダ・ギャッp ※駅のホームなど

# make
- Made it!（やったよ／間に合ったよ!）メイディッt！
- You will make it if you hurry（急げば間に合いますよ）ユーゥ・メイキッt・イフ・ユー・ハリィ
- Can you make it?（都合つきますか?間に合いますか?）キャニュー・メイキッt?↗

165

# よく使われる単語・発音一覧

| | | |
|---|---|---|
| act | エァクt | 行動する、役目を務める |
| add | エァd | 加える |
| admit | アdミッt | 入れる |
| advise | アdヴァイz | 忠告する、助言する |
| agree | アgゥリー | 賛成する |
| aim | エイm | ねらう、目指す |
| allow | アラゥ | 許可する |
| announce | アナウンス | 発表する |
| answer | エァンサー | 答える |
| appear | エァピアー | 現れる、姿を現す |
| apply | アプライ | 申し込む |
| appoint | アポインt | 任命する |
| argue | アーギュー | 議論する |
| arrange | アゥレインジ | 並べる、整える |
| arrive | アゥライヴ | 着く、到着する |
| ask | エァスk | たずねる |
| be | ビー | である、ある、いる |
| become | ビカm | なる |
| begin | ビギン | 始まる、始める |
| break | ブゥレイk | 壊す |
| bring | ブゥリンg | 持ってくる |
| build | ビゥd | 建てる |
| buy | バイ | 買う |
| call | コーゥ | 呼ぶ、手配する、電話する |
| carry | キャゥリー | 運ぶ |
| change | チェインジ | 変わる |
| close | クロゥz | 閉める |
| come | カm | 来る |

| | | |
|---|---|---|
| cost | コスt | 費用、かかる |
| cry | クゥライ | 泣く |
| drink | ジュゥリンk | 飲む |
| eat | イーt | 食べる |
| enjoy | インジョイ | 楽しむ |
| excuse | イクスキューz | 許す |
| face | フェイs | 面する |
| fall | フォーゥ | 落ちる、降りる |
| feel | フィーゥ | 感じる |
| find | ファインd | 見つける |
| finish | フィニッシュ | 終える、済ます |
| fly | フライ | 飛ぶ、飛行機で行く |
| forget | フォーゲッt | 忘れる |
| get | ゲッt | 得る、買う、手に入れる |
| give | ギヴ | 与える |
| go | ゴー | 行く、離れる |
| grow | グゥロゥ | 成長する、育つ |
| hand | ヘァンd | 手渡す |
| hear | ヒアー | 聞こえる、聞く |
| help | ヘゥp | 手伝う、助ける |
| hit | ヒッt | 打つ、たたく |
| hope | ホーp | 望む |
| keep | キーp | 置いておく、預かる |
| know | ノゥ | 知っている |
| learn | ルァーン | 習う、習得する |
| leave | リーヴ | 出発する、去る |
| let | レッt | させる |

| | | | | | | |
|---|---|---|---|---|---|---|
| like | ライk | 好き | | start | スターt | 始める、始まる |
| live | リヴ | 住む | | stay | ステイ | 滞在する、泊まる |
| look | ルッk | 見る | | | | |
| lose | ルーz | 失う | | stop | スタッp | 止まる、やめる |
| love | ラヴ | 愛する | | | | |
| make | メイk | 作る | | study | スタディ | 勉強する |
| mean | ミーン | 意味する | | swim | スウィm | 泳ぐ |
| move | ムーヴ | 動く、動かす、引っ越す | | take | テイk | 持って行く |
| | | | | take away | テイカウェイ | 持ち帰る（英） |
| need | ニーd | 必要とする、要求する | | take out | テイカウッt | 持ち帰る（米） |
| | | | | talk | トーk | 話す |
| open | オープン | 開ける | | teach | ティーチ | 教える |
| play | pレイ | 運動する、演奏する | | tell | テゥ | 話す、伝える |
| | | | | thank | テンk | 感謝する |
| put | プッt | 置く | | think | ティンk | 思う |
| rain | ゥレイン | 雨が降る | | try | チュライ | 試す |
| read | ゥリーd | 読む | | turn | チュァーン | 回す |
| remember | ゥリメンバー | 覚えている | | understand | アンダーステンd | 分かる、理解する |
| ride | ゥライd | 乗る、乗って行く | | | | |
| rise | ゥライz | 昇る、出る | | use | ユーz | 使う |
| run | ゥラン | 走る | | visit | ヴィズィッt | 訪れる |
| say | セイ | 言う、話す | | wait | ゥエイt | 待つ |
| see | スィー | 見る、会う | | walk | ゥアーk | 歩く |
| seem | スィーm | ～のように思われる | | want | ゥオンt | ほしい、ください |
| sell | セゥ | 売る | | | | |
| send | センd | 送る、発送する | | warm | ゥオーm | 暖める、温かい |
| show | ショウ | 見せる、案内する | | | | |
| sing | スィンg | 歌う | | wash | ゥオッシュ | 洗う |
| sit | スィッt | 座る | | watch | ゥワッチ | 見る、気をつける |
| sleep | スリーp | 眠る | | | | |
| smile | スマイゥ | 笑う | | welcome | ゥエウカm | 歓迎する |
| speak | スピーk | 話す、しゃべる | | work | ゥワーk | 働く |
| spend | スペンd | （お金を）使う、（時間を）過ごす | | worry | ゥオーゥリー | 心配する、悩む |
| stand | ステンd | 立つ | | write | ゥライt | 書く |

# おわりに

　さて皆さん、本書を最後まで声に出して通読することができましたか。ふつう語学はひたすら独習するものと考えられがちです。しかし、接客英語は違います。職場で、ぜひ自主トレの会などを作って練習していただきたいと思います。

　お店（宿）ごとに、本書を参考にして、自店に合った応用フレーズを英語で考えて、カードや掲示板などに書き出して朝礼で唱和してもいいと思います。そしてその際、接客で気づいたこと、外国人相手の英会話で成功したこと・失敗したことなどをシェア（分かち合う）することも大切だと思います。こうした活動によって、職場で英語を使う頻度が高まり、スキルもモチベーションも高まることでしょう。

　もちろん、英語力は大事です。しかし、言語はしょせんひとつの道具に過ぎません。もっと大事なことは、立ち向かう勇気だと思います。

　外客向けアンケートにおいて、「訪日旅行で最も嫌だと感じたことは何でしたか」という問いに対して、一番多かった項目は、「お店の人に無視された」だったそうです。おそらく、その場のスタッフは無視したのではないでしょう。積極的に声をかける勇気が持てず、ひるんだだけだったのだと思います。

　たったひと言、「Hello! How are you?」と、最初に声をかけるだけでいいのです。まず、勇気を出してこちらから声をかける。それだけで、そこに関係が生まれます。小さな一歩を踏み出せるだけで、世界は大きく違ってきます。

　本書の中のフレーズをまずはどんどん使ってみてください。へたくそでも、文法が多少間違っていても構いません。習うより慣れろ、です。

通じなかったら、また本書で練習すればいいのです。

　なお、本書のタイトルは、「もうけるイングリッシュ」ではなく、「もうかるイングリッシュ」としています。「もうける」という表現は、主語が「私」にあります。何が何でももうけてやるという、卑しい自己中心的な考え方では、そもそも儲けることなどできません。
　一方、「もうかる」というのは、「あなた（顧客）」を主語にして、あなたのために一生懸命コミュニケーションを図ることで、心が触れ合い、相手が満足し、結果として「おのずから」売り上げが伸び、利益が生まれるということです。
　英語を通して、こちらの人柄、ぬくもりは、ダイレクトに通じるものです。相手の立場に立って、ひたむきに（たとえ最初は不完全な英語であっても）もうかるイングリッシュを唱えていれば、ひとりでに「もうかる」ようになる語学本、それが本書の基本コンセプトです。

　日本ほど「おもてなし」の文化が息づいている国は少ないといいます。実際、私の海外の友人たちは日本で触れ合った人々の温かい心遣いに感動して、何回も何回も日本を訪れています。日本国中が真に「英語の通じる国」になれば、鬼に金棒。訪日観光客2千万人も3千万人も、夢ではないと思います。
　さあ、千客万来、みんなで世界中からのお客様を英語でお迎えしましょう！

2015年3月　中村好明

# INDEX

＊はお客様のフレーズです。

## あ

**合う**　青のネクタイがあなたの上着に合っています。……67
**あなたも**　ありがとう。あなたも！＊……110
**ありがとう**　ありがとう。あなたも！＊……110
**ありがとうございます**　ありがとうございます。……152
　こんなにたくさんお買い上げいただき、ありがとうございます。……68
**(…に)あります**　奥の左にあります。……39
**(…は)ありますか**　地元の食材を使った料理はありますか？＊……78
　バスの時刻表はありますか？＊……114
**歩いて**　歩いて5分ほどです。……126
**安全**　とても安全な商品です。……59
**案内**　ご案内いたします。……27
　ご案内します。……27, 39
**いいところ**　とてもいいところで気に入りました。＊……152
**硫黄泉**　私たちの温泉は硫黄泉です。……120
**いかがでしょう**　こちらなんていかがでしょう？ お手頃ですよ。……38
**いかがでしょうか**　こちらはいかがでしょうか？……47
**いかがですか**　デザートはいかがですか？……84
　バスツアーはいかがですか？……116
**いくつ**　おいくつですか？……73
**一番**　この地域で一番有名なところです。……115
　これが一番いいですね。……68
　台湾からのお客様に一番人気です。……47
　東京で一番人気です。……46
**一緒に**　ご一緒にどうぞ。……39
**言ってください**　何かあれば私たちに言ってください。……103
**いらっしゃいませ**　いらっしゃいませ！……89
　こんにちは、いらっしゃいませ。……18
**入れ替わる**　夜10時に男性浴場と女性浴場が入れ替わります。……121
**色**　こちらは新色です。……63
　（スタイルや色が）ぴったりですね。……67
　他の色もございます。……63
**上の階**　上の階にお進みください　……30
**売り切れ**　売り切れです。……74
**漆塗り**　これは漆塗りの商品です　……59

**営業時間**　営業時間は10時から4時までです。……116
**英語**　少しなら英語を話すことができます。……126
　申し訳ありません。英語を話せません。……131
**駅**　駅にはどうやって行けばいいですか？＊……126
　駅までお連れします。……127
**エリア**　ここはこのエリアで見逃せない観光スポットです。……116
　このエリアのマップです。……115
**甥**　5歳の甥っ子用です。＊……50
**美味しい**　これはとても美味しいですよ！……43
**お伺いします**　すぐお伺いします。……134
**お買い上げ**　こんなにたくさんお買い上げいただき、ありがとうございます。……68
**お買い得**　お買い得です。……55
　大変お買い得になっていますよ。……54
**お菓子**　地元のお菓子はありますか？＊……46
　よろしければお茶とお菓子を召し上がってください。……107
**奥**　奥の左にあります。……39
**お越しください**　また、ぜひお越しください。……153
**おすすめ**　いいですね。おすすめはなんですか？＊……84
　おすすめは何ですか？＊……42
　個人的にはこれがおすすめです。……43, 115
　私のおすすめは、これと、これと、これです。……42
**お世話に**　どうも。お世話になります。＊……18
**お茶**　よろしければお茶とお菓子を召し上がってください。……107
**おつり**　おつりでございます。……139
**お手頃**　こちらなんていかがでしょう？ お手頃ですよ。……38
**お手伝い**　何かお手伝いしましょうか？……111
**お似合い**　よくお似合いです。……67
**お願いします**　お名前をお願いします。……89
　じゃあ、お願いします。＊……102
　チェックアウトをお願いします。＊……146
**おはようございます**　おはようございます。……110
**お風呂**　お風呂の栓を抜かないでください。……134
**お待ちください**　少々お待ちください。……85
　列に並んでお待ちください。……143
**お待ちして**　お待ちしていました。……90

170

**おみやげ**　おみやげをお探しですか？……50
**お持ちしました**　ビールをお持ちいたしました。……80
**降りる**　どこで（バスを）降りればいいのですか？＊……114
**温泉**　温泉はどこですか？＊……120
　私たちの温泉は硫黄泉です。……120
**温度**　少し寒いですね。温度調整できますか？＊……106

# か

**カード**　お客様のカードはご利用できないようです。……135, 142
　現金ですか、それともクレジットカードですか？……142, 147
　このお店ではこの○○クレジットカードは使えますか。＊……142
**階**　上の階にお進みください。……30
　下の階へお進みください。……31
　2階へ行ってください。……30
**会計**　会計をお願いします。＊……138
　免税後の会計はこちらです。……157
**鍵**　こちらがお部屋の鍵です。……103
**確認**　在庫を確認してまいります。……73
**かしこまりました**　かしこまりました。……72, 73
**活字体**　（お名前は）活字体で記入をお願いします。……98
**体を洗う**　入浴する前に体を洗ってください。……121
**観光スポット**　ここはこのエリアで見逃せない観光スポットです。……116
**効く**　神経痛によく効くそうです。……121
**喫煙（席）**　禁煙席ですか、喫煙席ですか？……26
　ここで喫煙はできません。……131
**気に入る**　お気に召しましたか？……85
　とてもいいところで気に入りました。＊……152
**記入**　（お名前は）活字体で記入をお願いします。……98
　こちらをご記入ください。……99
**決まり**　こちらで決まりですね！……68
**今日は**　今日は良いマグロが入っています。……78
**着る**　（浴衣を）着るお手伝いをしましょうか？……107
**きれい**　きれいな夕焼けが見られますよ。……116
　最もきれいな場所です。……115
**気をつける**　どうぞお気をつけて。……153

**禁煙（席）**　禁煙席でお願いします。＊……26
　禁煙席ですか、喫煙席ですか？……26
　室内は禁煙です。……107
**金額**　金額はこちらでございます。……147
　金額はこちらです。……138
**空港**　空港でなにもする必要がないんですよ。……158
**空室**　空室はありますか？＊……94
**（…を）ください**　これをください。＊……72
**くつろぐ**　どうぞおくつろぎください。……107
**クレジットカード**　お客様のカードはご利用できないようです。……135
　現金ですか、それともクレジットカードですか？……142, 147
　このお店ではこの○○クレジットカードは使えますか。＊……142
**現金**　現金ですか、それともクレジットカードですか？……142, 147
　（支払いは）現金のみで承っています。……139
　免税の返金は現金のみです。……157
**検討**　ごゆっくり検討ください。……35
**光栄**　それは光栄です。……152
**午後**　チェックインは午後3時からです。……99
**ございます**　ツインルームがございます。……94
　1人部屋がございます。……94
　レジのすぐそばにございます。……38
**個人的には**　個人的にはこれがおすすめです。……43, 115
**こちら**　金額はこちらです。……138
　こちらがお客様のお席です。……27
　こちらです。……80, 114
　こちらはいかがでしょうか？……47
　こちらへどうぞ。……26, 102
　大浴場はこちらです。……120
　パスワードはこちらですよ。……130
**ごゆっくり**　ごゆっくりお過ごしください。……85
　ごゆっくり検討ください。……35
　では、ごゆっくりどうぞ。……34
**ご予算**　ご予算はいくらほどでしょうか？……55
**これだけ**　書類はこれだけですよ！ここにサインするだけで8％オフです。……158
**これですべて**　これで（お買い物は）すべてですか？……68
**これは…です**　これは漆塗りの商品です。……59
　これは北海道の名産品です。……46
**こんにちは**　こんにちは。……89, 111

171

こんにちは、いらっしゃいませ。……18
**こんばんは**　こんばんは。……110

## さ
**最後**　最後の1つです。……74
**在庫**　在庫を確認してまいります。……73
**サイズ**　サイズにはS、M、Lがございます。……63
　サイズを測らせていただいてもよろしいですか？……63
　（サイズが）ぴったりですね。……67
　他のサイズもございます。……62
**財布**　財布をなくしました。＊……135
**サイン**　こちらにサインをお願いします。……143
　サインをお願いします。……148, 156
　書類はこれだけですよ！ここにサインするだけで8％オフです。……158
**サウナ**　サウナが併設されています。……121
**探す**　おみやげをお探しですか？……50
　ちょっとした小さなプレゼントを探しています。＊……50
　何かお探しでしょうか？……46
　何をお探しですか？……39
**寒い**　少し寒いですね。温度調整できますか？＊……106
**時刻表**　バスの時刻表はありますか？＊……114
**自宅用**　ご自宅（ご自分）用ですか？……50
**下の階**　下の階へお進みください。……31
**試着**　試着してもいいですか？……66
　すみません。試着はできません。……66
**室内**　室内は禁煙です。……107
**支払い**　お支払いはレジでお願いします。……143
　（支払いは）現金のみで承っています。……139
**自分用**　ご自宅（ご自分）用ですか？……50
**地元**　地元のお菓子はありますか？＊……46
　地元の食材を使った料理はありますか？＊……78
**自由**　お水はご自由にどうぞ。……111
**順調**　これまでのご旅行は順調でしたか？……88
**使用**　いいえ、ニッケルは使用していません。……58
　ニッケルを使用している商品ですか？＊……58
**少々**　少々お待ちいただけますか？……127
**消費税**　料金には消費税8％が含まれています。……148
**商品**　こちらに抹茶商品はありますか？＊……38
　定番商品です。……51
　ニッケルを使用している商品ですか？＊……58

　もう少し安い商品はありますか？＊……38
**消耗品**　消耗品のみ免税対象です。……157
**食材**　地元の食材を使った料理はありますか？＊……78
**食事**　お食事はどうなさいますか？……79
　お食事は満足いただけましたか？……85
　さぁ、お食事をお楽しみください。……35
**女性浴場**　夜10時に男性浴場と女性浴場が入れ替わります。……121
**…時より前に**　3時より前にチェックインはできません。……131
**書類**　書類はこれだけですよ！ここにサインするだけで8％オフです。……158
**シングルルーム**　1人部屋がございます。……94
**神経痛**　神経痛によく効くそうです。……121
**新色**　こちらは新色です。……63
**少し**　少しなら英語を話すことができます。……126
**過ごす**　ぜひ楽しんでお過ごしください。……103
**スタイル**　（スタイルや色が）ぴったりですね。……67
**素敵**　素敵でしょう？……63
　素敵な滞在を。……111
　素敵なワンピースですね。……19
**すみません**　すみません。試着はできません。……66
**席**　こちらがお客様のお席です。……27
　畳のお席ですが、よろしいですか？……27
**ぜひ**　また、ぜひお越しください。……153
**送迎**　駅までお連れします。……127

## た
**滞在**　素敵な滞在を。……111
**大丈夫です**　いいえ、（自分で運びますから）大丈夫です。＊……102
**大好き**　私はこれが大好きなんです。……43
**大浴場**　大浴場にはどうやって行けばいいですか？＊……30
　大浴場はこちらです。……120
**たくさん**　こんなにたくさんお買い上げいただき、ありがとうございます。……68
**ただいま**　ただいまおうかがいします。……23
　申し訳ありません。ただいま満席でございます。……22
**畳**　畳のお席ですが、よろしいですか？……27
**たどり着く**　ちょっと迷いましたが、なんとかたどり着けました。＊……88

**楽しむ**　さぁ、お食事をお楽しみください。……35
　　ぜひ楽しんでお過ごしください。……103
　　よい旅をお楽しみください。……153
**食べたい**　どんなものを食べたいですか？……78
**試す**　ぜひ試してみてください。……43
**男性浴場**　夜10時に男性浴場と女性浴場が入れ替わります。……121
**チェックアウト**　チェックアウトをお願いします。＊……146
**チェックイン**　3時より前にチェックインはできません。……131
　　チェックインですか？……88
　　チェックインは午後3時からです。……99
**チケット**　この無料チケットが使えます。……127
**注文**　ご注文はお決まりですか？……34
　　何かほかに（ご注文は）ございますか？……84
**朝食**　朝食付きです。……95
　　夕食と朝食付きです。……95
**調節**　リモコンはこちらです。ここで調節できます。……106
**ちょっとした**　ちょっとした小さなプレゼントを探しています。＊……50
**ついてきて**　ついてきてください。……27
**ツインルーム**　ツインルームがございます。……94
**使える**　ここではWi-Fiが無料で使えます。……127
　　この無料チケットが使えます。……127
**次にお待ちの**　次にお待ちのお客様、こちらのレジへどうぞ。……143
**定番**　定番商品です。……51
**できません**　ここで喫煙はできません。……131
　　すみません。試着はできません。……66
**デザート**　デザートはいかがですか？……84
**手伝う**　（浴衣を）着るお手伝いをしましょうか？……107
**手続き**　すでに免税手続き済みです。……158
**出ているだけ**　今店頭に出ているだけになります。……74
**店頭**　今店頭に出ているだけになります。……74
**トイレ**　トイレが流れません。＊……134
**どうぞ**　お水はご自由にどうぞ。……111
　　ご一緒にどうぞ。……39
　　こちらです。ご自由にどうぞ。……114
　　こちらへどうぞ。……26, 102
　　どうぞおくつろぎください。……107
　　どうぞお入りください。……90

　　メニューをどうぞ。……79
　　次にお待ちのお客様、こちらのレジへどうぞ。……143
**どうなさいますか**　お食事はどうなさいますか？……79
　　お飲み物はどうなさいますか？……79
**どうやって**　駅にはどうやって行けばいいですか？＊……126
　　大浴場にはどうやって行けばいいですか？＊……30
**同僚**　会社の同僚たち用です。＊……51
**特売品**　今日の特売品です。……55
**どこ**　温泉はどこですか？＊……120
　　どこで（バスを）降りればいいのですか？……114
**どちら／どっち**　どちらの国からいらっしゃいましたか？……19
　　どっちの方が似合うかしら？＊……62
　　ビールはどちら様ですか？……80
**止まる**　バスはここに止まります。……114
**取り置き**　取り置きもできますよ。……35
**どんなもの**　どんなものを食べたいですか。……78

## な

**なくす**　財布をなくしました。＊……135
**何**　それは何ですか？……147
　　何かあれば私たちに言ってください。……103
　　何かお探しでしょうか？……46
　　何かお手伝いしましょうか？……111
　　何かほかに（ご注文は）ございますか？……84
　　何をお探しですか？……39
**名前**　お名前を教えていただけますか？……98
　　お名前をお願いします。……89
　　（お名前は）活字体で記入をお願いします。……98
　　はいそうです。私の名前は…。＊……88
**何名様**　何名様ですか？……22
**似合う**　どっちの方が似合うかしら？＊……62
　　よくお似合いです。……67
**2階**　2階へ行ってください。……30
**日本製**　これは日本製です。……47
**荷物**　お荷物をお運びしますか？……102
**入浴**　入浴する前に体を洗ってください。……121
**人気**　今、日本でとても人気があります。……47
　　東京で一番人気です。……46
**…人組**　私たちは4人組です。＊……22
**値下げ**　これ以上値下げできません。……55

173

ネットワーク　Wi-Fiのネットワークが見つかりません。＊……130
値引き　20％値引きできます。……54
　　　値引きしてもらえませんか？＊……54
…の方がいい　赤い方がいいと思います。……62
飲み物　お飲み物はどうなさいますか？……79

## は

…パーセント　20％値引きできます。……54
…パーセントオフ　書類はこれだけですよ！ここにサインするだけで8％オフです。……158
はい　はい。＊……146
入る　今日は良いマグロが入っています。……78
　　　どうぞお入りください。……90
運ぶ　お荷物をお運びしますか？……102
初めて　日本は初めてですか？……19
バス　どこで（バスを）降りればいいのですか？＊……114
　　　バスの時刻表はありますか？＊……114
　　　バスはここに止まります。……114
バスツアー　バスツアーはいかがですか？……116
パスポート　パスポートをお願いします。……99, 157
パスワード　パスワードはこちらですよ。……130
話す　少しなら英語を話すことができます。……126
話せません　申し訳ありません。英語を話せません。……131
ハンドメイド　ハンドメイドです。……58
ビール　ビール1本です。＊……147
　　　ビールはどちら様ですか？……80
　　　ビールをお持ちいたしました。……80
左　奥の左にあります。……39
　　ここを左に進んで3つ目の角を右です。……31
　　まっすぐ進んで2つ目の角を左です。……31
ぴったり　（サイズが）ぴったりですね。……67
　　　（スタイルや色が）ぴったりですね。……67
必要がない　空港でなにもする必要がないんですよ。……158
1人部屋　1人部屋がございます。……94
日持ち　この商品は日持ちします。……59
含まれる　料金には消費税8％が含まれています。……148
2つ目の角　まっすぐ進んで2つ目の角を左です。……31
不明　不明な点はございますか？……103
プレゼント　ちょっとした小さなプレゼントを探しています。＊……50

プレゼント用のラッピングはいかがなさいますか？……51
　　　よいプレゼントになりますね。……51
風呂　お風呂の栓を抜かないでください。……134
…分ほど　歩いて5分ほどです。……126
併設　サウナが併設されています。……121
部屋　こちらがお客様のお部屋です。……106
　　　こちらがお部屋の鍵です。……103
返金　免税の返金は現金のみです。……157
保存料　保存料未使用です。……59
発疹　発疹が出ました。＊……135
本物　本物ですよ！……47

## ま

まだ　まだです。＊……34
待つ　お待たせしました。……23
　　　10分お待ちいただけますでしょうか。……23
　　　少々お待ちいただけますか？……127
　　　少々お待ちください。……85
　　　列に並んでお待ちください。……143
まっすぐ　まっすぐ進んで2つ目の角を左です。……31
抹茶　こちらに抹茶商品はありますか？＊……38
マップ　このエリアのマップです。……115
迷う　ちょっと迷いましたが、なんとかたどり着けました。＊……88
饅頭　これは饅頭です。蒸したパンにペースト状の赤い豆を詰めたものです。……107
満席　申し訳ありません。ただいま満席でございます。……22
満足　お食事は満足いただけましたか？……85
右　ここを左に進んで3つ目の角を右です。……31
未使用　保存料未使用です。……59
水　お水でございます。……79
　　お水はご自由にどうぞ。……111
見せて　どれどれ見せてください。……130
見つからない　Wi-Fiのネットワークが見つかりません。＊……130
3つ目の角　ここを左に進んで3つ目の角を右です。……31
見逃せない　ここはこのエリアで見逃せない観光スポットです。……116
見られる　きれいな夕焼けが見られますよ。……116
見るだけ　見るだけでもどうぞ。……35
無料　ここではWi-Fiが無料で使えます。……127
　　　この無料チケットが使えます。……127

**名産品** これは北海道の名産品です。……46
**召し上がって** よろしければお茶とお菓子を召し上がってください。……107
**メニュー** メニューをどうぞ。……79
**免税** これは免税になりますか？＊……156
　消耗品のみ免税対象です。……157
　すでに免税手続き済みです。……158
　免税後の会計はこちらです。……157
　免税の返金は現金のみです。……157
**申し訳ありません** 申し訳ありません。……134
　申し訳ありません。英語を話せません。……131
　申し訳ありません。ただいま満席でございます。……22
**もちろん** もちろん、いいですよ。＊……98
　もちろんです。……66
　もちろんです！……156
**もらえますか** これを3つもらえますか？＊……73

# や

**安い** もう少し安い商品はありますか？＊……38
**薬局** 薬局はありますか？＊……135
**夕食** 夕食と朝食付きです。……95
**有名** この地域で一番有名なところです。……115
**夕焼け** きれいな夕焼けが見られますよ。……116
**浴衣** （浴衣を）着るお手伝いをしましょうか？……107
**良い** 今日は良いマグロが入っています。……78
**よい一日** よい一日をお過ごしください。……110
**よい旅（行）** よいご旅行を！……153
　よい旅をお楽しみください。……153
**ようこそ** スミス様、ようこそお越しくださいました。……99
　ようこそいらっしゃいました。……18
**浴場** 夜10時に男性浴場と女性浴場が入れ替わります。……121
**予算** ご予算はいくらほどでしょうか？……55
**予約** ご予約は済んでいらっしゃいますか？……89
　予約はなさっていますか？……23
**よろしいですか** 畳のお席ですが、よろしいですか？……27
**よろしければ** よろしければお茶とお菓子を召し上がってください。……107

# ら

**ラッピング** プレゼント用のラッピングはいかがなさいますか。……51

**リモコン** リモコンはこちらです。ここで調節できます。……106
**利用** お客様のカードはご利用できないようです。……135, 142
**料金** 料金には消費税8％が含まれています。……148
**領収書** 領収書でございます。……148
**料理** 地元の食材を使った料理はありますか？＊……78
**冷蔵庫** 冷蔵庫の中のものを飲まれましたか？……146
**レジ** お支払いはレジでお願いします。……143
　次にお待ちのお客様、こちらのレジへどうぞ。……143
　レジのすぐそばにございます。……38
**列に並ぶ** 列に並んでお待ちください。……143

# わ

**Wi-Fi** ここではWi－Fiが無料で使えます。……127
　Wi-Fiのネットワークが見つかりません。＊……130
**割り勘** 割り勘にされますか？……139

175

**中村好明**（なかむら・よしあき）
ドン・キホーテグループ インバウンドプロジェクト責任者
株式会社ジャパンインバウンドソリューションズ代表取締役社長

1963年、佐賀県生まれ。上智大学出身。2000年(株)ドン・キホーテ入社。広報・IR・マーケティング・新規事業の責任者を経て、08年7月、社長室ゼネラルマネージャー兼インバウンドプロジェクトの責任者に就任。13年7月、(株)ジャパンインバウンドソリューションズを設立、その代表に就任。ドン・キホーテグループに加え、国・自治体・民間企業のインバウンド分野におけるコンサル業務、教育研修事業、プロモーション連携事業に従事。日本インバウンド教育協会理事。ハリウッド大学院大学客員教授。著書に『ドン・キホーテ流 観光立国への挑戦』(メディア総合研究所)、『インバウンド戦略 ─人口急減には観光立国で立ち向かえ!』(時事通信社)など。

[リアルな会話CD付き]
接客現場の英会話
# もうかるイングリッシュ

2015年4月20日　初版第1刷発行

| | |
|---|---|
| 著者 | 中村好明 |
| 発行者 | 原 雅久 |
| 発行所 | 株式会社 朝日出版社 |
| | 〒101-0065　東京都千代田区西神田3-3-5 |
| | TEL. 03-3263-3321 (代表) |
| | http://www.asahipress.com |
| 印刷・製本 | 凸版印刷株式会社 |
| 音声録音・編集 | ELEC (一般財団法人 英語教育協議会) |
| CDナレーション | Edith Kayumi　Howard Colefield |
| | Napas Chasombat　李婷婷 |
| 編集協力 | 野間麻衣子 |
| 協力 | 櫻井亮太郎 (ライブリッジ代表) |
| | 高橋正美 (箱根ゲストハウス代表) |
| | 浅見ベートーベン (元筑波大学大学院講師) |
| イラスト | 浜畠かのう |
| ブックデザイン | 阿部太一[GOKIGEN] |
| DTP | メディアアート |

ISBN978-4-255-00825-7 C0082
乱丁・落丁本はお取り替えいたします。
無断で複写複製することは著作権の侵害になります。
定価はカバーに表示してあります。
©Yoshiaki Nakamura, 2015
Printed in Japan